KB212016

십자가

사랑과 배신이 빚어낸 드라마

새라 코클리 지음 · 정다운 옮김 · 김진혁 해설

The Cross and
the Transformation of Desire

십자가
사랑과 배신이 빚어낸 드라마

새라 코클리 지음 · 정다운 옮김 · 김진혁 해설

빛아

| 차례 |

우리에게 기도를 가르쳐주소서

– 기도의 불가능성

그리스도교가 말하는 기도의 한가운데에는 어떤 역설이 자리하고 있습니다. 기도에 대해 말하는 신약성서의 대표적인 구절 두 곳에서 이 역설이 선명히 드러납니다.

하느님의 영으로 인도함을 받는 사람은, 누구나 다 하느님의 자녀입니다. 여러분은 또다시 두려움에 빠뜨리는 종살이의 영을 받은 것이 아니라, 자녀로 삼으시는 영을 받았습니다. 그래서 우리는 그 영으로 하느님을 "아빠, 아버지"라고 부릅니다. 바로 그때에 그 성령이 우리의 영과 함께, 우리가 하느님의 자녀임을 증언하십니다. 자녀이면 상속자이

기도 합니다. 우리가 그리스도와 함께 영광을 받으려고 그
와 함께 고난을 받으면, 우리는 하느님이 정하신 상속자요,
그리스도와 더불어 공동 상속자입니다. ... 이와 같이, 성령
께서도 우리의 약함을 도와주십니다. 우리는 어떻게 기도
해야 할지도 알지 못하지만, 성령께서 친히 이루 다 말할 수
없는 탄식으로, 우리를 대신하여 간구하여 주십니다. 사람
의 마음을 꿰뚫어 보시는 하느님께서는, 성령의 생각이 어
떠한지를 아십니다. 성령께서, 하느님의 뜻을 따라, 성도를
대신하여 간구하시기 때문입니다. (로마 8:14-17, 26-27)

예수께서 어떤 곳에서 기도하고 계셨는데, 기도를 마치셨을
때에 그의 제자들 가운데 한 사람이 그에게 말하였다. "주
님, 요한이 자기 제자들에게 기도하는 것을 가르쳐 준 것과
같이, 우리에게도 기도를 가르쳐 주십시오." 예수께서 그들
에게 말씀하셨다. "너희는 기도할 때에, 이렇게 말하여라.
'아버지, 이름이 거룩히 여김을 받으시오며, 아버지의 나라
가 오게 하소서. 날마다 우리에게 필요한 양식을 주시고 우
리가 우리에게 잘못한 이를 용서하오니 우리의 죄를 용서하
시고 우리를 유혹에 빠지지 않게 하소서" (루가 11:1-4)

역설의 한 축에는 바울의 말이 있습니다. 그는 단도직입적으로 "우리가 어떻게 기도해야 할지도 알지 못한"다고 말합니다. 이때 그는 기도가 (적어도 인간의 차원에서는) 불가능함을 인정하는 것 같습니다. 저처럼 기도가 어렵고, 기도 중에 종종 산만해지며, 그러다 쉽게 기도를 멈춰버리곤 하는 이들은 그의 말에 조금은 안심이 될지도 모르겠습니다. 그렇습니다. 기도를 무엇이라 정의하든, 그것은 분명 자전거를 타거나 오믈렛을 만드는 일과는 다릅니다. 기도는 하다 보면 능숙해지는 그런 일이 아닙니다. 오히려 기도는 하면 할수록 통제하기 힘들다고 느끼게 됩니다. 물론 어머니나 연인이 죽음의 문턱에 있을 때는 우리도 모르게 중보기도를 하게 되고, 집중하게 되고, 집요해지기까지도 합니다만 이는 예외적인 경우입니다. 더 많은 경우, 평범한 상황에서 우리는 기도를 하다가 당혹스러워지거나 지루해집니다. 사소한 일에 기도를 쉽게 멈추게도 됩니다. 이때 기도란 도무지 할 수 없는 일로 보입니다. 바울이 인정했듯 기도란 불가능한 일인 것만 같습니다.

그러나 역설의 다른 축에는 이 기도의 불가능성과는 전혀 다른 이야기가 있습니다. 복음서에서 예수의 제자들이 똑같은 문제("우리에게 기도를 가르쳐주소서")를 가지고 예수를 찾아왔을 때 그분께서는 기도의 불가능성에 관한 복잡한 이야기를 하는 대신, 곧바로, 강렬하게 실용적인 지침을 주십니다. 아주 단순하고도 직접적인 연설로 가르치기 시작하십니다. "너희는 기도할 때에, (그냥) 이렇게 말하여라. 아버지 …"

이 역설을 어떻게 봐야 할까요? 단순히 예수의 말씀과 바울의 말이 서로 충돌하는 걸까요? 저는 그렇게 생각하지 않습니다. 우리는 두 이야기의 핵심을, 그 관계를 숙고해 보아야 합니다. 그 역설이 우리에게 기도가 왜 어려운지를 알려주고, 우리를 기도의 고유한 심연으로 이끌어 줄 테니까요.

첫째, 바울은 우리가 어떻게 기도해야 할지조차 모를 때, 어떻게 기도해야 할지 몰라 괴롭고 막막한 바로 그때 성령께서 우리 안에서 기도하실 수 있는 공간이 열린다고 말합니다. 바울 이야기의 멋진 점이 바로 이 부분입니다. 기도에 부적절하게 접근하고 기도에 있어 무능한 우리의 모습이 부정적인 징후가 아니라 성령께서 그분의 활동을 위한 공간을 확보하는 것임을 깨닫는 순간 전체 그림이 달라집니다. 일관성 없는, 무능력하며 무기력한 우리의 모습은 실제로 "이루 다 말할 수 없는 탄식으로" 우리 안에서 신음하는 성령의 전주곡이 될 수 있습니다. 그렇게 그분은 하느님 앞에 서려는 우리의 마음 구석까지 찾아오시고, 우리를 정화하십니다. 이러한 맥락에서 기도는 그저 간구가 아니라, 간구할 수 있기를 간구하는 것입니다.

그러므로 기도가 당혹스러운, 다른 무엇과도 다른 이상한 '대화'conversation처럼 보인다고 해서 놀랄 필요는 없습니다. 하느님은 기도를 통해 우리가 구슬러야 할 대상, 달래주어야 할 대상, 조종해야 할 대상이 아닙니다. 하느님은 한 존재가 아니라 존재 그 자체이며, 우리가 존재하는 매 순간 신비롭게 우리를 지탱해 주시는 분입니다.

그런 분과의 소통, 그런 분과의 관계는 다른 소통, 관계들과는 다를 수밖에 없습니다. 설령 그 소통이 만족스럽게 이루어진다 해도 마찬가지입니다. 그리고 관계의 틀 자체를 바꾸려면, 먼저 하느님의 신성을 위한 공간을 마련해야 합니다. 우리가 바뀌어야 공간이 마련되는 것이기보다 그 공간을 열어두는 것이 먼저입니다. 우리는 어떤 침묵, 공허, 혼란스러운 마음을 견뎌야 하며, 그 자리가 성령이 우리 안에서, 우리를 통해 궁극의 원천이신 아바, 아버지를 향해 부르짖는 공간이 됩니다. 그렇게 할 때, 그 공간을 통해 성령이 우리에게 개입하시고, 예수께서 친밀히 여기셨던 그 아버지(위협적인 가부장이 아닌 아버지)를 알게 될 것입니다. 그분이 아버지를 아셨듯 우리도 아버지를 알게 될 것입니다. 그때, 우리는 예수 곁에 나란히 서서, (바울의 말을 빌리면) 그분을 "본받을" 수 있게 될 것입니다. 그러한 면에서 기도란 신비로운 방식으로 예수의 공간에 머무르는 일이라 할 수 있습니다.

이런 깨달음은 두 번째 부분, 기도에 대한 예수의 가르침에 대한 문제로 이어집니다. 그분의 가르침은 얼핏 바울의 가르침과 긴장 관계인 것처럼 보이지만, 이들을 숙고해 보면 바울의 말과 예수의 말씀이 동전의 양면과도 같음을 알 수 있습니다. 물론 바울의 가르침에 견주면 "너희는 기도할 때에, 이렇게 말하여라. 아버지 ..."라는 예수의 말씀은 당혹스러울 정도로 간략합니다. 밤새 홀로 기도하고 내려오신 예수에게 제자들이 "기도할 때 어떻게 하셨나요? 뭔가 선생님만의 은밀하고 특별한 비법이 있나요?"라고 묻는 장면을 상상해 보십시오. 하지만 이에 예수께서는 지극히 단순하고도, 직접적인 길을 가르쳐주셨습니다. 바로 우리 깊은 곳에 있는 욕망을 존재의 원천에게 넘겨드리라는 것입니다. 이렇게 말입니다.

아버지, 그 이름을 거룩하게 하여 주소서.

이게 전부입니다. 이게 기도입니다. 우리는 바로 이를 간구해야 합니다. 하느님을 흠모하기 전에, 우리가 하느님에게 전적으로 의존하고 있음과 우리가 그분의 피조물임을 인정하기 전에 이를 구해야 합니다. 이렇게 말하는 작은 순간이, 이 항복이, 이 하느님을 향한 돌아섬이 모든 것의 시작입니다.

그러므로 기도는 불가능합니다. 우리의 시야, 우리의 영역에서는 불가능합니다. 그러나 또한 기도는 가능합니다. 아니, 실은 기도는 우리의 생명줄입니다. 기도가 하느님이 잊어버리셨을지 모르는 내용을 상기시키려는 시도가 아님을 깨달을 때, 그분이 놓치셨을지 모르는 소식을 전해드리는 것이 아님을 알 때, 그분이 언제나 우리에게 주시는 선물, 하느님 자신이라는 선물을 받을 준비임을 알 때, 거기에서부터 기도는 가능해집니다.

우리는 "우리를 도우러 오시는" 성령께 우리의 인간적인 무능함을 넘겨드림으로써 기도합니다. 우리는 우리 안에 있는 가장 깊은 갈망, 허름하고 비뚤어진 마음 깊은 곳에 숨겨둔 비밀을 깨닫고 그 모든 것을 생명의 원천이신 분께 돌려드림으로써 기도합니다. 산만하여 진탕과도 같은 일상 가운데 안식함으로써, 얽히고설킨 욕망을 하느님께 고요히 넘겨드림으로써 기도합니다.

즉, 우리는 성령 안에서, 예수와 함께, 거룩한 '아버지'라는 심연, 친밀함을 향해 한 걸음 내딛음으로써 기도합니다. 나머지 모든 일은 그분이 하십니다. 이러한 맥락에서 기도한다는 것은 기도하기를 원하는 것입니다. 기도는 하느님께서 이루시는 활동입니다. 우리는 이를 할 수 없습니다.

아버지의 나라가 오게 하소서 – 견딜 수 없는 하느님의 뜻

앞서 우리는 기도가 가진 고유의 '불가능성'을 살폈습니다. 우리는 기도 중에 우리 존재의 원천이신 분을 향해 우리의 산만한 정신과 비뚤어진 마음을 돌리려 애쓰며 그러한 상태를 기꺼이 견뎌야 합니다. 그러나 이런 일에 우리는 무능하며 근본적인 차원에서 간구할 수 있기를 간구해야 합니다. 기도의 불가능성은 이 기이한 감각을 이르는 말입니다. 그러나 이러한 기도의 무능함은 바울이 가르쳤듯 실패의 징표가 아닙니다. 그 깊디깊은 연약함과 균열은 우리를 위해 성령이 남겨주신 자리이며, 그 자리에서 성령은 우리를 돌이키시고, 예수의 공간으로 이끄셔서 그분과 함께 '아바, 우리 아버지, 이름이 거룩히 여김을 받으시오며'라고 부르게 하십니다. 그러므로 우리의 무능은 또한 가장 분명한 표식입니다. 그리스도인의 기도는 바로 여기서 시작됩니다.

이제는 예수께서 가르쳐주신 다음 부분을 살펴볼 차례입니다. "아버지의 나라가 오게 하소서. 아버지의 뜻이 이루어지게 하소서 …" 우리가 기도를 통해 감히 예수의 공간에 서게 된다면, 예수께서 말씀하셨듯 우리는 바로 이를 긴급하게 요청해야 합니다. 하지만, 이 말씀은 어떤 의미를 지니고 있을까요? 먼저 두 가지가 중요합니다.

첫째는 "나라"입니다. 모든 성서 주석가는 예수께서 활동하셨을 당시 사람들에게 저 "나라", 혹은 "왕국"(바실레이아 βασιλεία)은 어떤 영토를 뜻하지 않았다고 입을 모읍니다. 오늘날 이스라엘과 팔레스타인에서 지키고 차지하려는 땅, 그런 땅을 지칭하는 것이 아니라는 이야기입니다. "아버지의 나라"는 오히려 하느님의 직접적이고 지속적인 통치에 관한 것입니다. "아버지의 나라"를 구하는 기도를 통해 우리는 우리의 마음과 영혼, 정신, 힘이 하느님이 지금 우리에게 원하시는 바와 일치되는 길을 찾고, 그리하여 아버지께서 우리 삶을 온전히 통치하시기를 간구합니다.

이는 (앞서 언급한) 아바 아버지를 향해 우리 자신을 돌리는 일만큼이나 간단하기도 하고, 어렵기도 합니다. 루가 복음서(17:20-21)에서 분명히 알 수 있듯 "하느님 나라는 눈으로 볼 수 있는 모습으로 오지 않지"만, 우리는 우리의 선한 노력

이 정당한 결실을 맺었음을 보여주는 "표징과 기적"을 더 선호하기 때문입니다. 하지만 예수께서는 하느님 나라는 그런 식으로 되는 것이 아니라고 하십니다. 루가 복음서에 따르면, 예수께서는 우리가 기도하려고 하면 마주하게 되는 (어떤 면에서는 굴욕감을 느낄 정도의) 혼란에도 불구하고 "하느님의 나라"는 이미 "우리 가운데" 혹은 "우리 안에"(이렇게 번역될 수 있는 그리스어 '엔토스 휘몬'ἐντὸς ὑμῶν과 그 기원이 되는 아람어는 아름다우면서도 뜻이 모호합니다) 있다고 말씀하십니다. 하느님 나라는 바로 지금, 여기에 있으며, 이미 유효하고, 그러면서도 영광스러운 미래를 향해 나아가고 있습니다.

하느님의 나라가 임하는 것을 깨닫는 요령 하나를 말씀드리겠습니다. 기도의 잔해, 부서진 파편을 우리의 몫으로 받아들이는 것입니다. 절망적으로 산만한 우리의 기도는 우습고, 슬프고, 무의미하고, 지루하고, 때로는 비극처럼 보이기까지 합니다. 하지만, 이런 비극에 너무 진지하게 몰입해서는 안 됩니다. 우리는 기도를 하며 나열한 말들이 우리를 스쳐 지나가 버리는 모습을 봅니다. 그럴 때 손을 흔들어 보내주십시오. 뒤틀린 욕망의 그물에 사로잡혀 있는 그 말들은 우리가 인간임을, 몸을 입고 분투하는 인간임을 보여줍니다. 우리의 그 우스꽝스러운 인간성을 자각하고 이를 놓아줌으로써 우리는 모든 것을 하느님께 돌려드릴 수 있습니다. 그 아래에는 더 깊은 욕망이, 우리 모두의 욕망이 흐르고 있으며, 이는 보다 근본적인 욕망입니다. 하느님 나라, 그분의 통치에 대한 욕망. 그를 향한 절박한 욕망이 그곳에 있습니다. 욕망의 파편들이 쌓인 더미 아래, 깊은 곳에, 그 나라가 언제나 "우리 가운데서" 우리를 기다리고 있습니다. 하느님 나라에 대한 R. S. 토머스R. S. Thomas의 아름다운 시처럼 우리는 말할 수 있습니다.

> 그곳은 멀고도 먼 곳에 있다네.
> 하지만 그곳에 이르는 데 시간은 걸리지 않고,
> 입장료는 무료라네.

그러므로 하느님 나라가 오기를 간구하는 것은 어떤 면에서 매우 단순한 일입니다. 지금, 이곳에서 이미 일어나고 있는 그 일을 순순히 받아들이면 되기 때문입니다. 하느님이 지금 여기에서 우리를 은총으로 통치하고 계심을, 영광으로 인도하고 계심을 인정하는 것입니다.

그러나 한편으로는, 이 기도에 "아버지의 뜻이 이루어지게 하소서"를 덧붙이는 순간 불현듯 우리가 하느님의 통치에 순종하는 길이 그리 쉽지 않음을 깨닫습니다. 이것이 "아버지의 나라가 오게 하소서. 아버지의 뜻이 이루어지게 하소서 ..."라고 기도할 때 중요한 두 번째 부분입니다. 이 간구에는 대가가 따릅니다. 예수의 공간에 선 우리는, 지금 당장은 아니더라도, 언젠가는 우리도 그분이 땀 흘리며 기도하셨던 그 자리로 이끌리게 될 것입니다. 이 간구는 그것을 기억하게 합니다.

"아버지의 뜻이 이루어지게 하소서." 이 간구는 우리를 배신과 고통을 당하는 자리로 데려갈지도 모릅니다. 그리고 분명 (적절한 때에) 우리는 죽게 될 것입니다. 겟세마네에서 우리가 보게 되는 이는 초연한 채 하느님의 뜻에 체념하는 영웅이 아닙니다. 어쩌면 그러한 누군가, 신-인God-man을 기대했을지 모르지만, 우리가 실제로 만나게 되는 이는 인간적인 고통이 커져만 가는 한 사람입니다. 그는 고통 중에 있는 친구는 아랑곳하지 않고 대책 없이 잠든 친구들에 조금 기대어 그 상태를 견디고 있습니다.

그러니 "아버지의 나라가 오게 하소서. 아버지의 뜻이 이루어지게 하소서"라는 말은 외로이 고립된 채 "하느님은 당신의 뜻을 이루어 가시겠지" 하며 힘없이 단념하는 기도가 아닙니다. 성령의 인도를 받아 예수가 드렸던 참된 기도 안으로 나아가게 된다면, 우리는 그분처럼 하느님 나라와 그분의 뜻을 위해 기도하게 될 것입니다. 그리고 그럴 때 예수께서 그러하셨듯 땀을 뻘뻘 흘리며, 분투하고, 결코 맞닥트리고 싶지 않은 상황과 마주하게 될 것입니다. 아무리 무능해 보일지라도, 하는 일이 곁에서 잠이나 자는 것뿐일지라도 '나'와 함께 기도해 줄 다른 이들이 절실히 필요함을 알게 될 것입니다. 이런 일이 일어난다면, 그건 무언가 잘못된 것이 아닙니다. 오히려 그것은 우리가 예수의 공간으로 더 깊게 인도받고 있다는 뜻입니다.

다운사이드 수도원의 아빠스를 지냈으며 영성 지도자로 널리 알려진 존 채프먼John Chapman은 내면의 혼란과 고통으로 기도하는 데 어려움을 겪고 있던 베네딕도회 수녀에게 편지를 보내며 그러한 고통을 무시하는 이가 있다면 (그럴 수 있는 사람이 있다면) 그는 인간이 아니라 초인superman일 것이라고 말한 바 있습니다.

우리 주님께서는 스스로 본이 되시어 우리에게 이를 분명하게 가르쳐 주셨습니다. 그분은 괴로움으로 아버지께 기도하시는 중에 "저는 고난을 받지만, 즐겁습니다"라고 말씀하지 않으셨습니다. … 오히려 그분은 그 고난의 잔을 거두어 달라 하셨습니다. 그렇게 고통을 싫어하는 우리의 감정, 견딜 수 없다는 느낌, 그런 것들이 우리 인간의 연약한 본성의 일부임을, 달리 말하면 지극히 인간다운 일임을 보이셨습니다.

기도의 여정, 함께 침묵으로 나아가는 모험을 시작하자마자 기도란 인간에게 불가능하며 또 견딜 수도 없다고 말하는 것이 이상해 보일지도 모르겠습니다. 그러나 우리에게 아들을 주신 하느님이 예수 안에서, 예수를 통해 "무엇이든 하실 수 있"음을, 가장 견디기 힘든 고통조차 그분 안에서 우리를 완전에 이르도록 엮어내는 재료가 됨을 보이십니다. 때가 되면, 그분께서는 우리 눈에서 "모든 눈물을 닦아 주실"(계시 21:4). 것입니다. 무능력하게 꾸벅꾸벅 조는 우리, 홀로는 우리 문제를 감당할 수 없는 우리 가운데 당신의 교회를 세우셔서 홀로 감당할 수 없는 것을 감당할 수 있게 도와주시고, 진실로 함께 "아버지의 나라가 오게 하소서. 아버지의 뜻이 이루어지게 하소서"라고 말할 수 있게 해 주신 하느님께 감사드립니다. 아멘.

우리에게 필요한 양식을 주시고 – 기도와 욕망의 정화

예수께서는 우리에게 기도를 가르치시며 우리가 할 바를 요구하십니다. 앞서 우리는 그 첫 번째 요구를 살폈습니다. 그분은 먼저 우리에게 방향 전환을 요구하셨습니다. 간구할 수 있기를 간구하라는 기이한 요구(그 자체가 기도입니다)를 하셨지요. 그리고 우리 존재의 원천이며 근원이신 아바 아버지께로 돌이켜 그분의 뜻에, 그분의 나라(저는 이를 예수의 공간이라 불렀습니다)에 우리 자신을 복종시키라고 요구하셨습니다.

이제 우리는 단순하고도 솔직한 청원과 마주합니다. "오늘 우리에게 필요한 양식을 주소서." 자신이 먹을 양식은커녕 자녀들을 위한 양식조차 구할 수 없는 절박한 자리에 서 본 적이 없는 우리는 '음식'이 욕망의 최우선 순위가 되는 그 절박함을, 배고픔을 상상하기 힘듭니다. 지금도 세계 인구의 약 1/3이 굶주리고 있다는 소식은 그런 우리의 정신을 흔들어 깨웁니다. 그런데 이 "양식을 달라"는 기도를 하라는 예수의 명령은 무슨 뜻일까요. 양식이 충분한 이들은 더 이상 양식에 대해 생각하지 않고, 양식이 없는 이는 애초에 양식 외에는 다른 것을 생각하지 않습니다. 그렇다면 이 요구는 누구에게도 필요 없는 요구가 아닙니까? 우리는 이 말씀을 어떻게 받아들여야 할까요?

두 가지 측면에서 이 문제에 대해 생각해 보겠습니다. 먼저 구약 성서를 봅시다.

아합은, 엘리야가 한 모든 일과, 그가 칼로 모든 예언자들을 죽인 일을, 낱낱이 이세벨에게 알려 주었다. 그러자 이세벨은 엘리야에게 심부름꾼을 보내어 말하였다. "네가 예언자들을 죽였으니, 나도 너를 죽이겠다. 내가 내일 이맘때까지 너를 죽이지 못하면, 신들에게서 천벌을 달게 받겠다. 아니, 그보다 더한 재앙이라도 그대로 받겠다." 엘리야는 두려워서 급히 일어나, 목숨을 살리려고 도망하여, 유다의 브엘세바로 갔다. 그곳에 자기 시종을 남겨 두고, 자신은 홀로 광야로 들어가서, 하룻길을 더 걸어 어떤 로뎀 나무 아래로 가서, 거기에 앉아서, 죽기를 간청하며 기도하였다. "주님, 이제는 더 바랄 것이 없습니다. 나의 목숨을 거두어 주십시오. 나는 내 조상보다 조금도 나을 것이 없습니다." 그런 다음에, 그는 로뎀 나무 아래에 누워서 잠이 들었는데, 그때에 한 천사가, 일어나서 먹으라고 하면서, 그를 깨웠다. 엘리야가 깨어 보니, 그의 머리맡에는 뜨겁게 달군 돌에다가 구워 낸 과자와 물 한 병이 놓여 있었다. 그는 먹고 마신 뒤에, 다시 잠이 들었다. 주님의 천사가 두 번째 와서, 그를 깨우면서 말하였다. "일어나서 먹어라. 갈 길이 아직도 많이 남았다." 엘리야는 일어나서, 먹고 마셨다. 그 음식을 먹고, 힘을 얻어서, 밤낮 사십 일 동안을 걸어, 하느님의 산인 호렙 산에 도착하였다. (1열왕 19:1-8)

내 백성아, 내 교훈을 들으며,
내 말에 귀를 기울여라.
내가 입을 열어서 비유로 말하며,
숨겨진 옛 비밀을 밝혀 주겠다.
이것은 우리가 들어서 이미 아는 바요,
우리 조상들이 우리에게 전하여 준 것이다. ...
사람이 천사의 음식을 먹었다.
하느님은 그들에게 풍족할 만큼 내려 주셨다.
그는 하늘에서 동풍을 일으키시고,
능력으로 남풍을 모으셔서,
고기를 먼지처럼 내려 주시고,
나는 새를 바다의 모래처럼 쏟아 주셨다.
새들은 진 한가운데로 떨어지면서,
그들이 사는 곳에 두루 떨어지니,
그들이 마음껏 먹고 배불렀다.

하느님은 그들이 원하는 대로 넉넉히 주셨다.

그러나 먹을 것이 아직도 입 속에 있는데도,

그들은 더 먹으려는 욕망을 버리지 않았다.

마침내 하느님이 그들에게 진노하셨다.

살진 사람들을 죽게 하시며,

이스라엘의 젊은이들을 거꾸러뜨리셨다. (시편 78:1-3, 25-31)

엘리야 이야기와 시편에서 볼 수 있듯 광야, 빵, 궁핍, 욕망이라는 주제는 유대인들의 전통과 깊이 얽혀 있습니다. 예수께서 드린 기도도 마찬가지입니다. 광야에서 양식을 구하는 기도는 그저 굶어 죽지 않게 해달라는 간구만은 아닙니다. 이는 보다 깊고 심오한 차원에서 그 욕망을 시험해 주시고 정화해 달라는 뜻입니다.

앞서 언급한 시편에서는 이집트에서 도망쳐 나온 이스라엘 백성이 죽음의 문턱에 서게 된 이야기를 다룹니다. 그러나 기적처럼 광야에 만나가 내렸고 시편의 표현을 빌리면 그들의 "갈망"은 충족되었지요. 그러나 그 갈망이 충족되자 곧 모든 게 엉망이 됩니다. 갈망은 왜곡됩니다. 그들은 만족하지 못하고, 만나가 아닌 다른 것을 원하며, 불평불만을 일삼습니다. 하느님께서는 은총으로 그들에게 "필요한 양식"을 주셨지만, 그들은 즉시 자신들의 욕망에, 스스로 고안한 방책에 빠져듭니다. 이는 그들의 욕망이 궤도를 벗어난 것이라 할 수 있습니다. 그들은 자신이 욕망하는 바로 그것(양식)을 구했고, 구한 바를 얻었지만, 이내 더 많은 갈망, 그릇된 갈망에 이끌립니다.

엘리야의 이야기는 이 이야기와 상반됩니다. 엘리야의 욕망은 초반부터 궤도를 이탈한 듯합니다. 광야로 쫓겨난 그는 투덜대며 절망에 빠져 죽고 싶어 합니다. 그런데 천사가 그를 깨우더니 하느님의 뜻을 행하는 데 필요한 양식, 오늘, 지금 그에게 필요한 양식을 줍니다. 하느님께서는 천사를 통해 명령하십니다. "일어나서 먹어라." 그리고 그는 그렇게 합니다. 그의 욕망은 궤도를 벗어났었지만, 이제 바로잡힙니다. 하느님께서는 엘리야에게 필요한 양식과 여정을 위한 "힘"을 주셨습니다. 이제 그는 하느님의 뜻을 이루기 위해 필요한 모든 것을 얻었습니다.

이 두 대조적인 사례에서 보았듯 오늘을 위한 양식을 구한다는 것은 하느님의 뜻을 행하기 위한 오늘의 필요, 바로 그것을 구하는 것입니다. 영의 필요뿐 아니라 몸의 필요를 구하는 것이지요. 이는 우리 몸에 긴요하고도 실제적인 그것을, 명백히 양식을 구하는 것이기도 하지만 우리의 모든 욕망이 시험대에 오르는 광야에서 필요한 양식을 구하는 것이 기도 합니다. 따라서 "우리에게 필요한 양식을 주소서"는 '우리가 예수의 공간에서 아버지의 뜻에 따라 살고, 그 뜻을 행할 때 필요한 양식을 주소서'라는 뜻, '우리의 모든 욕망이 그분의 욕망과 일치되도록 광야에서 시험받게 하소서'라는 뜻이 됩니다.

게다가 이 "오늘 필요한 양식"에 대한 예수의 기도에는 반전이 있습니다(앞서 우리가 나눈 이야기에서 이미 그 낌새가 있었습니다). 주기도문에서 "오늘 필요한"이라고 번역된 그리스어 '에피우시오스'ἐπιούσιος라는 단어의 의미가 애매하다는 것이 드러났기 때문입니다. 우리는 이 단어의 의미는 논란의 여지가 있고, 그저 "오늘 필요한" 뿐 아니라 미래를 위한 무언가라는 의미가 들어있음을 알게 되었습니다.

이를 받아들이면 이 기도의 의미는 확장됩니다. 우리는 오늘 우리가 구하는 양식을 얻습니다. 그러나 또한 우리는 광야에서 기적처럼 주어지는 양식을 언제나 고대합니다. 저 지평선 너머, 종말의 때를, 메시아를 기다립니다. "오늘 우리에게 필요한 양식을 주소서"라는 기도는 '미래의 우리에게 필요한 그 양식을 지금 우리에게 주소서', '우리를 영원히 먹일 양식을 주소서'도 될 수 있습니다.

요한 복음서에서 군중이 "주님, 그 빵을 언제나 우리에게 주십시오"(요한 6:34)라고 간구했듯 우리는 저 기도를 드립니다. 요한이 제안하는 이 간구에 대한 응답은 성찬입니다. 이는 (물질을 비물질로) 영화spiritualisation 시키려는 것도, '평범한' 식사와 '성스러운' 식사를 구분하려는 의도도 아닙니다. 예수의 공간에서 우리의 욕망이 제자리를 찾는다면, 오늘 우리가 몸을 위해 먹는 양식은 우리를 그분의 나라로 향하게 할 것입니다. 오늘 우리가 구하는 그것이 우리와 그분을 영원히 결합시켜 줄 것입니다.

"오늘 우리에게 필요한 양식을 주소서." 이 기도는 아무 대가도 치르지 않는 기도가 아닙니다. 우리는 즉각적인 육체의 필요 때문에 기도하고, 우리의 욕망이 정화되고 바로잡히기를 기도하고, 우리의 모든 갈망이 마침내 예수라는 공간, 그분의 나라를 향하기를 기도합니다. 성공회 사제이자 시인인 데이비드 스콧은 말했습니다.

> 나는 계속 빵에 대해 이야기한다.
> 예수께서 빵을 신뢰하셨고
> 그 빵이 당신 자신에 관해
> 의미가 있다 말씀하셨기 때문이다.

우리를 악에서 구하소서 – 용서의 불가능성

이제 우리는 마침내 용서라는 불가능한 문제에 다다랐습니다. 예수께서 우리에게 주신 기도 중에 이 간구는 가장 신비로운 중심, 하늘과 땅을 잇는 경첩입니다.

> 우리가 우리에게 죄지은 사람을 용서하여 준 것 같이
>
> 우리의 죄를 용서하여 주시고,
>
> 우리를 시험에 들지 않게 하시고,
>
> 악에서 구하여 주소서.

주의 기도에서 악의 공격을 피하거나 유혹에 빠지지 않는 것, 우리가 애써야 할 그 부분에 앞서 용서하라는 요구가 나오는 것은 결코 우연이 아닙니다. 이 세 가지, 용서, 유혹, 악의 문제는 공히 예수의 기도 중에서도 절정에 자리하고 있습니다. 사순절 기간 이 기도는 다시금 기쁨으로, 또한 참회하는 마음으로 이 기간을 맞이하라고 우리를 떠밉니다. 그럼 이제 그 세 가지를 살펴볼까요.

용서

앞서 저는 용서를 "불가능한 문제"라고 말했습니다. 학대

받고, 폭력에 시달리고, 배신당한, 부당한 일을 겪은 이들이라면 그 요구가 터무니없다는 점을 잘 알 것입니다. 그런 이들을 용서하라니, 예수께서는 불가능한 것을 행하라고 명령하시는 듯 보입니다. 게다가 그것이 우리가 하느님께 용서를 구할 수 있는 용기를 낼 근거가 되고, 권리가 된다니요. 예수께서는 우리의 용서가 하느님께 용서를 받는 조건이라 말씀하십니다. 그리스어 본문을 보더라도 이 점은 분명합니다. 어떻게 그럴 수 있을까요?

이때 우리는 용서가 아무리 불가능해 보여도, 기도보다 더 불가능하지는 않음을 기억해야 합니다. 기도할 때, 애초에 기도라는 일이 일어나도록 우리를 공손히 성령께 맡기듯 용서가 시작되기 위해서도 이와 동일한 과정이 있어야 합니다. 급작스레, 기적처럼 일어나는 용서는 분명 하느님의 사전 작업 이후에 일어나는 일이며 이는 우리가 기도를 향해 걸음을 내디딜 때 우리를 이끄신 손길과 같은 일입니다. 우리가 감히 "아바 아버지"라고 말할 때 우리는 성령에 이끌려 예수께서 사셨던 용서의 삶으로 들어갑니다.

20세기 소설가이자 영성 지도자였던 (그리고 잉클링스의 구성원이자 C. S. 루이스C. S. Lewis의 친구였던) 찰스 윌리엄스Charles Williams는 1940년 런던에 독일군의 폭탄이 쏟아지는 중에 『죄의 용서에 관하여』Forgiveness of Sins라는 얇은 (그리고 비범한) 책을 쓴 적이 있습니다. 책에서 그는 용서란 인간에게는 불가능한 일이며, 혹여 그런 일이 일어난다면 그것은 내가 '나' 자신 밖에 서서(문자 그대로의 의미로 '탈자'ecstasy 가운데) '나의 적', 혹은 나를 배신한 그의 눈으로 그 일을 볼 수 있을 때, 그런 자리에 서게 될 때뿐일 거라고, 실은 이는 그리스도의 몸 안에서, 그리스도의 몸을 통해서만 가능하다고 이야기했습니다. 이는 '신비로운' 일입니다. 우리에게는 그럴 능력이 없습니다. 다시금 우리는 성령의 바람에, 정의 너머 그 어딘가로, 하느님의 무한한 자비에 우리를 맡겨야 합니다.

창세기 50장 15~21절에는 구약성서 중 용서와 관련된 심오한 이야기가 등장합니다.

> 요셉의 형들은 아버지가 돌아가시자 "어쩌면 요셉은 우리가 미워 우리에게서 당한 온갖 억울함을 앙갚음할지도 모르겠다" 하면서 요셉 앞에 나가 빌었다. "아버지께서는 세상 떠나시기 전에 당신의 말씀을 요셉에게 전하라 하시면서 이렇게 분부하셨습니다. '형들이 악의로 한 일이건 어떻게 마음을 잘못 먹고 한 일이건 못할 짓 한 것을 용서해 주어라. 네 아비를 돌보시던 하느님의 종들이 비록 악의에 찬 일을

했지만 용서해 주어라" 요셉은 이 말을 들으며 울었다. 형
들도 울며 그 앞에 조아렸다. "이제 우리를 종으로 삼아다
오." "두려워하지 마십시오. 내가 하느님을 대신하겠습니
까?" 하면서 요셉은 이렇게 말하였다. "나에게 못할 짓을 꾸
민 것은 틀림없이 형들이오. 하지만 하느님께서는 도리어
그것을 좋게 꾸미시어 오늘날 이렇게 뭇 백성을 살리시지
않았습니까? 그러니 이제 두려워하지 마십시오. 내가 형들
과 형들의 어린것들을 돌봐 드리리다." 이렇게 위로하는 요
셉의 말을 들으며 그들은 가슴이 터지는 듯하였다.

보복이 두려워 용서를 구하러 온 형제들에게 요셉은 즉각
"두려워하지 마십시오. 내가 하느님을 대신하겠습니까?"라
고 대답합니다. 요셉의 말은 용서는 근본적으로 하느님께서
하시는 일이며 우리의 용서는 단지 그분의 날개에 기대어 날
아오르는 일에 불과하다는, 그의 깊은 이해를 잘 표현하고
있습니다.

유혹

"우리를 시험에 들지 않게 하소서"는 예수께서 우리에게
가르쳐 주신 기도 중 유일하게 부정의 형태로 이루어진 청원

입니다. 이 간구에 비추어 보면 사순절 시기, 우리가 해야 할 참회를 조금 다른 눈으로 바라볼 수 있습니다. 하느님께서 이 사순의 계절에 용서라는, 우리로서는 불가능한 활동을 요구하셨다면, 우리 모두가 매일 같이 마주하는 유혹의 시험에 들지 않는 일 역시 그렇습니다. 이는 우리로서는 불가능한 요구입니다. 그렇게 이 간구의 초점이 달라지게 됩니다. 이 역시도, 전부, 하느님의 능력에 달린 일입니다. 우리는 그분의 능력으로 우리 시선을 돌리게 됩니다.

예수께서 우리와 달리 유혹을 이길 면역력을 타고난 게 아니었음을 기억하십시오. 오히려 그분이 하신 모든 일에 유혹이 있었습니다. 광야에서 사탄이 음식과 권력과 영광을 두고 그분을 유혹했습니다. 그 유혹의 자리에서 그분의 활동이 시작되었습니다. 겟세마네 동산에서 잔을 피하고픈 유혹에 시달리며 그분의 활동이 마쳤습니다. 그분의 삶은 곧 우리의 삶이었습니다. 몸에 좋지 않은 도넛을 먹고 싶은 욕망부터 시작해 불륜을 저지르고 싶은 충동, 의식조차 하기 힘든, 남들에게 지식을 뽐내고픈 교활하고 은밀한 욕구, 교만, 명예에 대한 갈망, 우상숭배에 이르기까지 우리는 유혹에 시달립니다. 예수께서도 인간으로서, 하느님으로서 살아가며 이 모든 분투를 겪으셨습니다. 이 사실은 우리의 기도가 깊을수록 그 분투 역시 첨예해짐을 드러냅니다. 이곳에서 생명과 죽음이 다투며, 이곳에 수난의 흔적과 영광의 흔적이, 영광의 단초가 있습니다.

악

이제 하느님에 힘입어 우리는 나아갑니다. 예수께서 가르치신 기도는 우리를 저 아슬아슬한 곳으로 데려갑니다. 우리는 하느님이자 인간이신 예수께서 사셨고, 죽으셨고, 성령의 능력으로 악과 절망을 짓밟으신 그곳에 서 있습니다. 그분이 가르쳐주신 기도가 "우리를 악에서 구하소서'하고 갑작스레 끝나는 것도 그 때문입니다. 영적 전쟁이 소용돌이치는 이곳, 이 자리가 바로 우리가 기도하는 자리입니다. 불편하기 그지없는 이 자리가 성령이 우리를 부르신 곳, 예수의 공간 속, 그와 함께하는 장소입니다. 그분은 우리에게 고요한 삶을 약속하시지 않으십니다. 대신 그분은 풍랑 가운데서 신비로운 평화를, 당신이 우리와 함께하심을 약속하십니다.

우리는 용서할 수 없습니다. 용서는 우리 안에서 하느님께서 하시는 활동입니다. 온갖 유혹 앞에 우리는 속절없이 넘어지고 절망합니다. 그러므로 이 싸움 역시 그분께 넘겨드려야 합니다. 도넛 문제, 성 문제, 그리고 궁극적으로는 (하느님, 우리를 도우소서) 교만과 허영의 문제를 우리는 해결할 수 없습니다. 그러나 그분 안에 있을 때 우리는 해결책을 찾게 됩니다. 이 모든 것이 간구할 수 있기를 간구하는 문제, 즉 기도의 문제입니다. 우리는 계속해서 돌이켜 예수의 공간으로 들어가 "우리 아버지 ..."라고 기도해야 합니다.

우리를 시험에 들지 않게 하시고, 악에서 구하여 주소서.

이 기도는 예수의 기도 전체를 단순하고도 강렬하게 압축한 기도입니다. 이렇게 기도할 때 우리는 '나'를 벗어난 이해의 자리에, 아버지이신 하느님 앞에, 용서받은 죄인의 자리에, 새로이 서게 됩니다.

✳

하느님, 이 거룩한 기간 우리에게 새로운 감각을 주시어
용서라는 불가능한 활동에 참여하게 하시고,
그로 인한 능력을 받게 하소서.
예수와 함께 수난의 길을 걸으며,
그 길을 걸음이 바로 평화의 걸음임을 알게 하소서. 아멘.

십자가 사건은 우리를 수난이라는 드라마로 초대합니다. 이 드라마
는 단순한 드라마가 아니며 모든 드라마에 종지부를 찍는, 모든 드
라마를 종결하는 드라마입니다. ... 수난은 너무나 섬세하고 변혁적
인 하느님의 사랑에 관한 이야기, 우리가 아는 모든 정의를 넘어서
고 전복하는 사랑에 관한 이야기입니다.

임의 포도밭을 노래한 사랑의 노래를
내가 임에게 불러드리리라.

이 시간, 우리는 아주 중요한 하나의 문제, 십자가가 우리
에게 보내는 초대를 받아들일 것이냐는 문제와 마주하고 있
습니다. 이제 사랑과 배신의 드라마가 펼쳐지려 합니다. 당
신은 이 드라마에 참여하라는 초대를 받아들이겠습니까? 사
랑하고 사랑받은 경험, 배신하고 배신당한 경험에서 비롯
된 모든 환희와 비통함을 가지고 이 드라마로 나아갈 의향이
있습니까? 아니면 안전한 거리를 유지하며 제자리에 서 있

겠습니까? 십자가 사건을 기억하는 일이야 매년 하는 일이니 적당한 선에서 옷을 찢고 잘못을 뉘우치는 정도로 만족하면 될까요? 우리 안에 있는 연민과 두려움을 '정화'하면 그만일까요?[1] 아니면 더 깊은 요청, 내 전부를 걸어야만 한다는 요구와 함께 온 초대를 받아들여야 할까요? 초대를 받아들일 것이냐 말 것이냐는 갈림길에서 우리는 머뭇거리고 서성입니다.

어떤 이는 우리가 이런 초대에 응할 필요가 없다고 생각할지도 모르겠습니다. 우리는 이미 십자가가 선 자리에 있기 때문입니다. 우리 한 사람 한 사람은 각자의 자리에서 이미 고통, 슬픔, 상실을 겪고 있습니다. 그러한 면에서 우리는 사랑과 폭력이 가득한 포도밭에 있다고 할 수 있습니다. 우리가 사는 이곳에는 이미 삶과 죽음이 싸움을 벌이고 있습니다. 우리는 모든 의미가 사라져 버린 것만 같은 위기감을 느낍니다. 하느님이 사랑이시라는 말과 그분이 정의로우시다는 말은 모순으로 들릴 뿐, 이제 더는 그 말의 의미를 모르겠다고 생각합니다. 이곳에서 벗어날 가능성이란 좀처럼 보이지 않습니다. 우리는 이런 절망을 너무나 잘 알고 있습니다.

---

1 Aristoteles, *The Poetics*, chapter VI. 『수사학/시학』(도서출판 숲)

우리는 절망에 익숙해져 버렸습니다. 좋든 싫든, 이런 식으로 우리는 예수의 수난이 보여주는 고통에 깊숙이 참여하고 있습니다.

다른 맥락에서 어떤 이들은 십자가 사건이란 이제 별 의미가 없다고 생각할지도 모르겠습니다. 십자가 이야기가 이미 너무 익숙하기 때문입니다. 우리는 매일 폭력과 죽음을 접하고 있으며, 저녁 식사 중에 뉴스에서 그런 소식을 접하더라도 TV를 끄지 않습니다. 이런 세상에서 그리스도교가 전하는 의미 체계는 그 힘과 영광을 잃어버린 것처럼 보입니다. 입으로 그리스도교 신앙을 고백하더라도 누군가가 예루살렘으로 올라가자고, 다시 십자가에 달리신 그리스도를 만나러 가자고 권하면 우리는 말합니다. "내년에 가지요." "그러기에는 너무 피곤해요." "너무 바빠서 말이죠."

근본적으로, 여기에는 십자가와 대면하는 것에 대한 두려움이 자리 잡고 있습니다. 십자가를 대할 때 우리는 불편해집니다. 우리는 그로 인해 그 사건을 피할 수도 있고, 그럼에도 예루살렘으로 올라가기를 선택할 수도 있습니다.

어쩌면 누군가는, 어쩌면 바로 지금, 새로운 발견으로 나아가는 길 입구에 서 있을지도 모릅니다. 처음으로 예수 그리스도가 자신을 부르고 있음을, 그의 죽음이 지닌 한층 더 깊은 의미로 자신을 초대하고 있음을 알게 된 것입니다. 본래 우리 안에는 예수 그리스도의 초대를 거부하는, 강력한 관성이 작동하고 있습니다. 그러나 마침내 지금까지 삶을 설명하던 이야기가 부서졌고 기존의 이야기가 자신의 모든 삶을 설명하지 못함을 깨닫게 되었을 때, 우리는 십자가로 고개를 돌립니다. 우리는 그 길로 오라는 초대를 받았고, 그 길로 한걸음 발을 내딛습니다. 그리고 우리 머리 위로 성스러운 물이 부어집니다. 우리는 예수를 사랑했고 또 그만큼 예수를 배신했던 예수의 첫 번째 제자들이 그랬듯, 모든 어둠과 절망 가운데 일어난 구원의 신비 속으로, 그 이야기 안으로 들어갑니다. 이 세 번째 길에서 우리를 압박하던 절망과 새로운 희망은 서로 긴밀하게 연결됩니다. 절망과 희망의 연대기들은 모두 우리를 앞으로 나아가게 만들어 줍니다. 전에 우리는 하느님이 우리를 사랑하시면서도 우리를 심판하신다는, 하느님의 심판과 그분의 자애로운 사랑 사이의 관계를 이해하지 못했습니다. 이 둘의 긴장은 영리한 논증이나 거짓되고 뻔한 신학적 진단으로는 해결될 수 없습니다. 하느님의 사랑과 그분의 심판은 저 수난과 구원이 이루어진 날들로 들어가기를 고대하고, 그 날들 속으로 들어가 그 시간을 겪어낼 때 비로소 이해할 수 있습니다.

이사야는 자신의 백성을 향한 하느님의 사랑이 펼쳐내는 드라마, 태초부터 있던 그분의 관능적인 사랑을 말합니다.

임의 포도밭을 노래한 사랑의 노래를
내가 임에게 불러드리리라.

여기, 하느님의 사랑이 있습니다. 그분께서는 우리가 바라지도 못했던 것을 풍성하게 채워 주시려 모든 것을 창조하셨습니다. 그리고 이를 훼방하려는 침입자를 막아 줄 울타리와 망대까지 세워두셨습니다. 그러나 정작 그분의 백성은 이 사랑에 담긴 태초의 진리를 망각합니다. 이 망각은 끊임없이 반복되고 백성은 반역을 일삼습니다. 그들의 귀는 닫혀 있어 하느님께서 부르시는 사랑의 노래가 들리지 않습니다. 이사야 같은 예언자는 백성에게 이 사랑의 노래를 상기시키려 하지만 아무런 소용이 없습니다.

이제 나자렛 예수가 자신의 수난을 앞두고 사람들 앞에서 이사야의 가르침을 상기시킵니다. 그는 기존의 이야기를 비틀어 새롭게 전합니다. 이 이야기에서 소작인들은 포도밭 주인의 말을 전하러 온 예언자뿐만 아니라 포도밭을 상속받은 주인의 아들까지 외면하고, 더 나아가 그를 때리고 죽입니다. 백성은 끝까지 자신의 주인을 거역했습니다. 이제 주인, 하느님께서 하실 수 있는 일은 없는 것 같습니다. 이러한 상황에서 그분이 무엇을 더 하실 수 있을까요?

이 비유를 다룬 복음서 기자 중 마태오만이 예수가 이 이야기를 전한 후 군중을 향해 물었다고 기록합니다. 이 복음서에서 예수는 군중에게 포도밭에서 벌어진, 포도밭 주인의 아들을 잔인하게 죽인 사건을 해결하기 위해서 어떻게 해야 하냐고 묻습니다. 누구나 손쉽게 예측할 수 있듯 군중은 단호히 답합니다.

> 그 악한 자들을 가차 없이 죽이고, 제때에 소출을 바칠 다른
> 농부들에게 포도원을 맡길 것입니다.

불순종에는 마땅히 심판이 따라야 한다고, 법을 준수해야 한다고, 받은 만큼 돌려주어야 한다는 경제 질서를 존중해야 한다고, 사랑과 정의는 보기 좋게 조화를 이루어야 한다고, 좀 더 정확하게 말하면 하느님께서 사랑으로 만드신 포도원은 정의를 따라 운영되어야 한다고 군중은 대답했습니다. 그러나 의미심장하게도 예수는 군중의 답을 지지하지 않습니다. 바로 이 지점이 예수의 수난이라는 엉킨 실타래를 푸

는 첫 번째 실마리입니다. 예수의 수난은 우리가 기존에 알고 있던 사랑과 정의를 포함해 모든 앎을 뒤집습니다. 이 이야기에서 집 짓는 사람이 버린 돌은 집 모퉁이의 머릿돌이 됩니다.

십자가 사건은 우리를 수난이라는 드라마로 초대합니다. 이 드라마는 단순한 드라마가 아니며 모든 드라마에 종지부를 찍는, 모든 드라마를 종결하는 드라마입니다. 이 드라마는 정의에 관한 이야기가 아닙니다. 단순히 한 남자가 버림받은 이야기도 아닙니다. 올바른 행위를 했을 때 어떤 보상을 받는지를 전하는 이야기도 아닙니다. 수난은 너무나 섬세하고 변혁적인 하느님의 사랑에 관한 이야기, 우리가 아는 모든 정의를 넘어서고 전복하는 사랑에 관한 이야기입니다. 십자가 이야기는 우리가 풀어야 할 신학적 수수께끼가 아닙니다. 이 이야기는 위험하며 우리에게 우리의 삶 전체를 건 여정에 동참할 것을 요구합니다. 이 여정에서 우리는 고통을 지나야 하며 죽음을 통과해야 합니다. 그리고 이를 통과했을 때 비로소 새로운 생명이 우리를 맞이합니다. 십자가를 향한 여정은 온몸으로 겪어내야만 하는 여정입니다. 이 여정은 십자가가 우리에게 보내는 초대에 저항하는 우리 자신의 모습에 깊이 애통할 때, 마주하기 싫은 것과 마주하는 고통을 감수할 때만 시작될 수 있습니다.

✳

사랑의 하느님,

우리는 당신 안에서만 참 평화를 누릴 수 있으며,

당신의 생명을 통해서만 참된 삶을 누릴 수 있습니다.

그 길로 우리를 초대해주셨으니,

우리가 그 길을 따르게 하소서.

십자가의 여정을 걷는 와중에 우리의 왜곡된 앎을 조율해주시고,

우리의 상한 영혼을 치유해주소서.

우리의 상한 영혼을 정직하게 마주할 수 있는 용기를 주시고,

은총으로 변화시켜주시어 당신의 영광을

드러내는 새로운 삶으로 거듭나게 하소서. 아멘.

옥합을 깨뜨린 여인처럼 예수의 발에 우리의 무기력한, 하지만 주체할 수 없는 사랑을 담은 선물을 내어놓으십시오. 그리고 그 새로운 의미가 펼쳐지기를 기다리십시오.

선물

> 마침 그 동네에는 행실이 나쁜 여자가
>
> 하나 살고 있었는데 ...
>
> 향유가 든 옥합을 가지고 왔다. ...
>
> 그리고 자기 머리카락으로 닦고 나서
>
> 발에 입맞추며 향유를 부어드렸다.

이 이야기 중심에는 넘치는 선물을 바친 여인이 있습니다. 여기서 펼쳐지는 이야기는 매력적인 방식으로 우리를 그 중심으로 인도합니다. 그녀는 사랑과 감사, 그리고 순종하는 마음으로 예수에게 선물을 바칩니다. 이 선물이 수난으로 향하는 문을 열어젖힙니다. 그녀는 옥합에 든 값 비싼 향유를 예수에게 모두 쏟아부었습니다. 어떤 면에서 이는 낭비로 보입니다. 마음에 있는 열정 어린 사랑과 감사를 표현한 행동이었지만 이러한 행동은 추문으로 이어질 소지가 다분했습니다. 루가 복음서에서 이 이야기는 초반부에 등장합니다. 루가는 이 여인을 "행실이 나쁜 여자"라 말하며 이름을 언급하지 않습니다(마르코와 마태오 복음서도 마찬가지입니다. 다만 요한 복음서는 그녀가 라자로와 마르다의 동생인 마리아라 기록했습니다). 다른 복음서들도 이 여인을 죄인, 행실이 좋지 않은 여자라고 말합니다. 예수의 수난은 이렇게 의문의 여지를 남긴 채로, 곤혹스러운 사건, 어리석어 보이는 한 여인의 행동에서 시작됩니다. 이 사건을 우리는 어떻게 받아들여야 할까요?

먼저 '선물'에 관해, 선물과 이 사회에서 통용되는 성 역할의 상관관계를 성찰해 봅시다. 그러고 나서 수난 사건에 흐르고 있는 논리와 여인이 선물을 바친 행위가 어떠한 관계를 맺고 있는지 살펴봅시다.

일상에서 우리가 선물을 주고받는 일은 일종의 거래라고 할 수 있습니다. 우리는 생각합니다. '내가 이걸(초콜릿, 일, 대출금) 주었으므로 너는 나에게 (지금, 혹은 언젠가) 뭔가를 줘야

해.' 어떤 이들은 여기에 공동체를 안정적으로 지탱하기 위해 자리 잡은 기본 질서인 '교환'이라는 경제 질서가 놓여 있다고 말합니다. 이 질서 안에서 우리는 우리가 누구에게 신세를 지고 있는지 알아야 하고, 그 신세를 갚아야 한다고 생각합니다. 누구나 마찬가지입니다. 이 세계에는 무언가를 주면 그에 상응하는 무언가를 받아야 한다는 규칙이 있고 이 규칙을 어기는 사람은 벌을 받아 마땅하다고 우리는 생각합니다. 종교 생활을 할 때도 많은 부분에서 우리는 이러한 태도를 견지합니다. 이러한 방식은 우리가 무언가를 통제할 수 있다는 기분이 들게 합니다. 게다가 이러한 교환에 기반을 둔 질서를 받아들인다고 해서 관대함을 발휘할 수 없게 되는 것은 아닙니다. 재량이 없는 것도 아닙니다. 우리는 이 질서에 머무르면서 겸손한 마음으로 은밀하게 십일조를 할 수도 있습니다. 하느님의 장부에 얼마간 좋은 점수가 기록되었으리라 확신하면서 말입니다.

그러나 교환을 기초로 하는, 이와 같은 경제 질서에 잘 들어맞지 않는 존재가 있습니다. 바로 여성입니다. 이러한 경제 질서에서 자율적인 행위자로 참여할 수 없을 때, 혹은 (예수가 살던 시대에 그랬듯) 그러한 역할을 맡을 수조차 없을 때 여성에게 남는 선택지는 두 가지뿐입니다. 하나는 남성들의 질서에서 남성들이 주고받는 품목의 하나가 되는 것입니다. 이때 여성은 자신의 성을 교환의 매개로 삼습니다. 하지만 다른 길도 있습니다. 그 다른 길이란 바로 등가 교환이라는 틀을 넘어서는, '넘치는' 선물을 함으로써 이 경제 질서에서 탈출을 시도하는 것, 혹은 그러한 방식으로 이 경제 질서를 무력화하는 것입니다. 오래전 헤어진, 이제는 자신의 사랑을 받아들이기를 거부하는 이를 위해 끊임없이 기도하는 여인의 모습에서 우리는 넘치는 선물, 사랑을 봅니다. 난폭하기 짝이 없는 아들이 범죄를 저질렀음에도 변함없이 그를 사랑하는 어머니의 모습에서 우리는 마찬가지로 넘치는 선물을 봅니다. 이와 비슷하게 자신을 향한 세인들의 시선, 평판에도 아랑곳하지 않고 넘치는 감사의 마음으로 사랑하는 이를 향해 자신의 모든 것을 바치는 여인을 통해 우리는 관능적인 사랑과 체제를 전복하는 행위가 역설적인 방식으로 만나 연결되는 모습을 봅니다. 대가를 바라지 않고 넘치는 선물을 주거나 바치는 행동은 우리에게 윤리적 혼란을 느끼게 합니다. 우리는 그러한 사랑은 무의미하고, 상처만 남기며, 낭비에 불과하지 않으냐고 의심합니다. 분명, 그렇습니다. 이러한 사랑은 우리의 이성과 감성을 넘어섭니다.

그렇기에 예수가 이 일을 칭찬했다는 사실은 우리에게 충격으로 다가옵니다. 수난 전날, 예수는 여인이 바친 선물, 과도하고 낭비로 보이는 그녀의 사랑을 칭찬했습니다. 그녀가 바친 선물이 이해타산을 넘어선 선물, 축소하려 해도 그럴 수 없는 선물이었기 때문입니다. 더 나아가 그녀의 행위는 궁극적인 차원에서 시사하는 바가 있습니다. 그녀의 행위는 하느님께서 우리에게 주신 선물과 용서에 대해 인간의 진실한 응답이 어떠해야 하는지를 보여줍니다. 우리의 의지와 상상력에 기반을 두고 있는 경제 질서, 선물-교환 경제를 궁극적으로 깨뜨릴 수 있는 초자연적인 선물에 그녀는 응답했습니다. 루가는 자신이 강조하고자 하는 바를 드러내기 위해 이야기들을 배열했습니다. 그는 잠정적인 독자들, 대가를 치르면 그에 해당하는 무언가를 얻어내야만 한다고 생각하는 법칙 속에서 사는 데 친숙한 이들, 경건한 분위기에서 진행되는 저녁 식사에 참석했을 때 어떠한 행동을 해야 할지 알고 있는 이들을 의식하며 이야기를 진행해 나갑니다. 먼저 루가는 묻습니다. '자, 당신들의 논리로 생각해봅시다. 누군가 빚을 지면 그에 상응하는 대가를 치러야 한다는 논리 말이지요. 그녀는 커다란 대가를 치렀으니 이제 그녀가 진 빚을 면제해 주어야 하는 것 아닌가요?' 이렇게 묻는 루가의 전략은 아이러니한 면이 있습니다. 직후에 예수는 그렇게 생각하는 이들을 향해 꾸짖기 때문입니다. 예수는 말합니다. "이 여인을 보고 있느냐? 하느님께서 주시는 선물에 대해 알고자 한다면 그녀를 보고 그녀에게 배워라. 그녀가 행한 일이 너희를 가두고 있는 논리를 깨뜨리게 하라. 그리고 그녀가 바친 선물 속으로 흘러들어 가라."

또 다른 곤혹스러운 문제가 남아 있습니다. 어떻게 보아도 여인이 향유를 붓는 행동에는 관능적인 면이 있다는 점 말이지요. 여인의 행위는 성적인 물물교환, 이 세상에서 통용되는 선물 교환 원리를 분명하게 상기시킵니다. 이때 루가가 섬세하게 묘사하는 대목을 주의 깊게 살펴보아야 합니다. 마태오나 마르코 복음서에서 여인이 향유를 예수의 머리에 부어 그의 메시아 됨을 확증하는 데 반해 루가 복음서에서 그녀는 향유를 예수의 발에 붓습니다. 아리스토파네스 Aristophanes, 플리니우스Plinius, 페트로니우스Petronius의 기록을 보면 알 수 있듯 누군가의 발에 향유를 붓는 행위는 당시 이교도들이 하던 사치스러운 풍습을 연상시킵니다. 게다가 여인은 자신의 머리를 늘어뜨려 예수의 발에 떨어진 자신의 눈물을 닦고 그곳에 입을 맞춥니다. 이 같은 행위는 명백하게 성적인 의미를 담고 있습니다. 그러나 여인이 이렇게 유난스럽게 친밀함을 표현함에도 불구하고 예수는 이를 침착하게,

별다른 거리낌 없이 받아들입니다. 이러한 예수의 태도를 보고 우리는 다시 한 번 당혹감을 느낍니다. 그는 여인의 행위에 담긴 극진한 사랑을 칭찬합니다. 또한 이를 행한 여인의 내면에 자리한 정결함을 본받으라고 말합니다. 이로써 예수는 우리에게 연정戀情이라는 갈망이 실제로 향하는 곳, 그 진정한 종착지를 가리킵니다. 그곳에서 흘러넘치는 사랑으로 표현되는 갈망은 하느님께서 베푸시는 선물과 만납니다. 이러한 맥락에서 5세기 초 시리아에서 활동했던 그리스도교 저술가 몹수에스티아의 테오도루스Theodore of Mopsuestia는 말했습니다.

> 향유를 발에 부음으로써, 그곳에 입을 맞춤으로써 여인은 우리 주님의 몸에 자신의 향기를 덧입히고자 한 것 같다. 그런 식으로 그녀는 언제나 그분과 함께하면서, 그분을 돌봐 드리고 싶어 했다. 그녀는 주님을 향한 사랑으로 그렇게 행동했고 그리하여 주님과 헤어지더라도 그분이 자신과 함께하고 있다고 생각할 수 있었다.

여인의 머리카락, 여인이 바친 향유, 여인이 주님에게 전한 입맞춤은 한데 어우러져 교환 원리를 넘어서는 순전한 선물을 표현합니다.

예수가 부드러운 말투로 사랑을 담아 여인을 칭찬했을 때
("네 죄는 용서받았다.", "네 믿음이 너를 구원하였다.") 그는 그 여인
이 바친 사랑, 인간이 경험하는 가장 깊은 사랑, 왜곡되고 뒤
틀리나 모든 이해타산을 넘어서는 그 사랑을 향해 대담한 셈
입니다. 그리고 이로써 우리는 처음으로 예수의 수난이 지닌
의미로 들어갑니다. 진실로 예수를 따르고자 한다면 우리는
바로 이곳, 커다란 대가를 치르며 바치는 선물에서 시작해야
합니다. 넘쳐흐르는 사랑을 표현해야만 합니다. 오늘날 가
부장제 문화에 젖어 이러한 모습 보이기를 꺼리는 남성도 마
찬가지입니다. 예수는 이러한 사랑이 어떤 식으로 표현되는
지를 몸소 보여주었습니다. 그는 제자들과 식사를 나눈 뒤
그들의 발을 씻어 줌으로써 흘러넘치는 사랑을 표현했습니
다. 이는 모든 교환 원리를 넘어서는 사랑이었습니다.

> 마침 그 동네에는 행실이 나쁜 여자가 하나 살고 있었는데
> 그 여자는 … 향유가 든 옥합을 가지고 왔다. 그리고 … 발
> 에 입 맞추며 향유를 부어드렸다.

예수는 자신이 죽음 앞에 서 있는 그 자리에서, 여인이 바

치는 넘치는 사랑을, 그 달콤한 향기를 온전히 받아들입니다. 그녀는 자신의 애통함과 슬픔뿐 아니라 넘치는 사랑과 은총을 담은 선물을 예수에게 전했습니다. 그리스도의 수난이 지닌 의미를 알고 싶다면, 그리스도와 함께하기를 원한다면, 몹수에스티아의 테오도루스가 아름다운 언어로 표현했듯이 우리는 저 사랑을 배워야 합니다. 모든 사랑은 넘쳐흐르는 속성을 지닙니다. 사랑은 죽음을 넘어선 친밀함을 갈망케 합니다. 옥합이 깨지며 흘러넘치는 향유가 뿜어내는 풍성한 향기를 맡을 때 우리는 다시금 태초에 하느님께서 지으신 사랑의 포도밭을 떠올리게 됩니다. 우리는 머뭇거리며, 그러나 그것이 무엇을 의미하는지 궁금해하며 한 걸음 발을 내딛습니다. 우리 한 사람 한 사람은 고유의 넘치는, 망가진, 손상된, 잃어버린 사랑을 간직하고 있습니다. 이 사랑을 가지고 나아가면 예수는 그 모든 사랑을 받아들입니다. 그뿐 아니라 그는 이 모든 사랑을 자신의 수난을 여는 필수적인 요소로 삼습니다. 이는 새로운 일이며 경이로운 일입니다. 그는 우리가 바치는 선물을 '여성스러운' 것으로 치부하지 않으며, 그 선물을 남용하지도 않고 남용하게 하지도 않습니다. 십자가 사건은 선물을 바치는 행위를 우상숭배로 왜곡되지 않게 하면서도 우리를 모든 계산을 넘어선 '깊은 신비'로 인

도합니다. 인간의 모든 사유를 넘어선 신성한 사유를 드러
냅니다.

그러니 옥합을 깨뜨린 여인처럼 예수의 발에 우리의 무기
력한, 하지만 주체할 수 없는 사랑을 담은 선물을 내어놓으십
시오. 그리고 그 새로운 의미가 펼쳐지기를 기다리십시오.

✳

주 예수 그리스도여,
당신은 값비싼 향유를 아낌없이 드림으로써
주님의 수난을 예비한 여인을 칭찬하셨습니다.
이 여인을 따라, 당신을 향한 저희의 갈망을
남김없이 표현할 수 있게 하소서.
그 갈망에 은총으로 응답해주소서.
우리의 사랑은 왜곡되고 뒤틀려 있으나
당신께서는 지극한 사랑으로
이를 새로운 삶의 재료로 길어 올리십니다.
비오니, 우리의 모든 것을 바치어
십자가의 길을 따라가게 하소서. 아멘.

배신하고 배신당하는 일은 끔찍한 경험입니다. 그러나 우리가 저지르는 배신, 우리가 당하는 배신은 그리스도교가 전하는 사랑에 담긴 가장 깊은 의미로 우리가 '넘겨지는' 통로가 될 수도 있는, 놀라운 가능성을 품고 있습니다. 하느님께서는 우리의 배신에도 불구하고 그분의 사랑을 빚으실 수 있으며 그 사랑을 흘러넘치게 하실 수 있습니다.

III

배신

예수께서는 ... 빵을 적셔서 ... 유다에게 주셨다. ...

(그리고) 예수께서는 유다에게

"네가 할 일을 어서 하여라" 하고 이르셨다.

앞 장에서 저는 당혹스러운 이야기, 한 여인이 보여준 넘치는 사랑과 헌신에 관한 이야기를 했습니다. 여인의 사랑과 헌신은 예수가 홀로 맞이할 수난을 앞두고 있음을 드러내 주었습니다. 한편으로는 기이해 보이고 우연히 일어난 듯한 이 사건을 통해, 예수는 우리를 자신이 겪은 수난을 통해서만 온전히 드러나게 될, 이타적인 하느님의 사랑으로 인도합니다. 예수가 칭찬한, 여인이 보여준 사랑은 이 세계에서 통용되는 선물 교환의 원리를 넘어선 사랑이었습니다. 그리고 앞서 살펴보았듯 이 사랑은 준 만큼 돌려받는 질서, 그러한 합리적 질서에 기반을 두고 있는 협상의 논리를 넘어섭니다. 어쩌면, 바로 이 때문에 우리는 하느님께서 우리와 나누고자 하시는 친밀함과 은총을 낯설거나 당혹스럽게 여기고 파악하기 어려워하는지도 모릅니다. 애통해하는 여인의 뒤를 따라, 그녀의 안내를 받으며 수난 이야기로 들어가기란 결코 쉽지 않습니다.

이제 우리는 여인의 이야기를 따라갈 때와는 또 다른 어려움에 봉착합니다. 우리는 수난 이야기에서 가장 문제적인 남성 인물인 유다와 나란히 서 있습니다. 유다는 예수에게 넘치는 사랑으로 선물을 바쳤던, 유별난 여인과는 대비를 이루는 인물입니다. 그는 우리와 비슷한 사람이었습니다. 우리가 대개 그렇듯 그는 교환에 바탕을 둔 경제와 기존 질서를 넘어서는, 예수의 수난과 영광에서 비롯된 새로운 질서를 믿지 못했습니다. 요한 복음서는 유다가 돈주머니를 맡고 있었으며 여인이 넘치는 사랑과 슬픔을 담아 향유를 바쳤을 때 300 데나리온의 가치가 있는 귀한 나드 향유를 '낭비'한다며

강하게 비난했다는 흥미로운 사실을 전합니다.*

끔찍한 아이러니는 다른 복음서에 따르면 유다가 자신이 주님이라 고백했던 이를 배반했을 때 받은 돈은 은전 서른 닢이었다는 것입니다. 그는 균형을 잡으려 했습니다. 그는 자신이 무엇이 '가치 있는'지를 알고 있다고 생각했고 질서를 세우기 위해 무엇을 해야 하는지 알고 있다고 자신했습니다. 같은 맥락에서 그는 예수가 초자연적인 방식으로 승리하기를, 모든 사람 앞에 메시아로 나타나 대제사장이 되어 근사한 대단원의 막을 내리기를 바랐던 것 같습니다. 직접 드러나지는 않지만, 그렇게 추정해볼 수 있습니다.

그러나 여기서 멈춰서는 안 됩니다. 그 이상의 무언가가 더 있습니다. 유다는 즉각적으로 눈에 보이는 인상을 넘어서는 인물입니다. 신약성서가 유다를 묘사할 때도 그를 부정적으로 묘사하는 것 이상의 층위가 있습니다. 우리는 이렇게 성서 안에서 발견되는 유다의 여러 모습, 여러 층위를 살펴보아야 합니다. 요한 복음서는 유다가 돈주머니를 맡고 있었을 뿐 아니라 수전노이자 도둑이었으며 급기야는 사탄이 그

---

* 예수의 제자 가운데 하나이며 장차 예수를 넘겨줄 가리옷 유다가 말하였다. "이 향유를 삼백 데나리온에 팔아서 가난한 사람들에게 주지 않고, 왜 이렇게 낭비하는가?" (요한 12:4-5)

에게 들어갔다고 전합니다. 사도행전은 그가 거꾸러져서 배가 터지고 창자가 쏟아져 땅을 피로 물들였다고 전합니다. 이때 유다는 무언극의 비극적인 인물 같아 보입니다.

유다를 이러한 인물로 묘사하는 전통에서는 그에게 끊임 없이 공개적인 모욕을 가했습니다. 그들의 맥락에서는 유다의 최후가 만족스러웠을 것입니다. 300년이 지난 뒤, 초기 그리스도교의 가장 커다란 이단자로 불렸던 아리우스Arius가 공중화장실에서 끔찍한 죽음을 맞이했을 때도 '정통'을 수호하던 그의 적들은 기뻐했습니다. 많은 중세 삽화는 두 사람, 아리우스와 유다를 사탄과 함께 예수의 발아래 짓밟힌 인물들로 그리고 있습니다.

그러나 사도행전에 등장하는 마지막 장면을 포함해 유다에 관한 부정적인 묘사들만을 살피면 요한 복음서가 유다에 관해 이야기하면서 전하고자 하는 보다 근원적인 면, 보다 미묘하고도 기이한 면을 포착할 수 없습니다. 유다에 관한 부정적인 묘사들은 십자가 사건이 이루어지기 위해서는 배신이 불가피했음을 다 설명해 주지 못합니다. 하느님께서는 유다의 배신을 당신께서 이루고자 하시는 계획의 일부로 삼으셨습니다. 그 계획에 있어서 유다를 택하느니 사탄을 택하는 것이 더 나음에도 불구하고 말입니다. 오랜 시간 교회 전통은 예수가 제자들에게 흘러넘치는 사랑을 표현한 일, 제자들의 발을 씻은 일, 마지막 만찬을 나눈 일들을 묵상할 때 그 자리에 유다가 함께하지 않았던 것처럼 그 본문을 다뤄왔습니다.

저는 교회 전통에 순종하지만, 그렇기에 그러한 분리에는 저항하고자 합니다. 요한 복음서에 따르면 사랑과 배신은 불가분 얽혀 있습니다. 사랑과 배신이 얽혀있다는 지독한 역설은 예수의 수난이라는 참혹한 사건을 이루는 본질적인 부분입니다. 요한 복음서 13장 전체가 이를 증언합니다. 예수가 제자들의 발을 씻어줄 때, 제자들과 지상에서 마지막 식사를 나눌 때, 그 모든 장면에 유다는 참여하고 있습니다. 좀 더 나아가 유다는 이 장의 중심, 수난을 당하기 전 마지막 밤의 핵심에 자리하고 있다고도 할 수 있습니다. 십자가의 길을 가기 위해서는 그를 피해갈 수 없습니다.

예수는 다른 제자들과 함께 유다의 발도 씻어주었습니다. 사랑과 친교를 나누는 식탁에도 유다가 있었습니다. 그 자리에서 예수는 특별히 유다를 언급합니다. 그는 두 차례에 걸쳐 유다의 배신을 예고하면서, 특별히 가장 먼저 유다에게 빵 조각을 포도주에 적셔 건넸습니다(이 빵 조각은 얄궂게도 훗날 성체Eucharistic host라고 불립니다). 이어서 예수는 유다에게 조용히 지시합니다.

어서 가서 네가 하려던 일을 하거라.

요한 복음서는 예수가 유다의 배신을 허락했다고, 심지어는 그렇게 하라고 했다고, 이는 유다가 해야만 했던 일이라고 전합니다. 유다 없이 예수의 수난은 일어날 수 없다는 것입니다. 요한에 따르면 유다는 삶과 죽음이, 사랑과 배신이 얽히고 다투는 곳으로 나아가는 길의 필수적인 관문입니다. 수난을 여는 밤은 유다의 밤이라 해도 과언은 아닙니다.

이 지점에서 우리는 십자가 사건의 핵심, 이 사건이 지닌 가장 역설적인 부분을 마주하게 됩니다. 바로 배신자인 유다가 구원 계획의 중심에 있다는 점 말입니다. 이 역설은 유다를 가리키는 표현을 살피면 좀 더 잘 이해할 수 있습니다. 유다를 '배신자'로 그릴 때 쓴 '파라디도미'παραδίδωμι는 정확하게 말하면, 혹은 문자적으로는 '넘겨주다'라는 뜻을 갖고 있습니다. 이 표현은 신약성서에서는 언제나 유다를 묘사하는데 쓰였습니다(루가 복음서에서 단 한 번 예외가 나옵니다). 복음서 기자들은 유다를 언급하며 하나의 말에 '넘겨주다'와 '배신하다'라는 두 가지 뜻을 모두 집어넣음으로써 말놀이를 합니다. 유다는 예수를 '넘겨' 주었습니다. 유다가 예수를 넘긴 일은 하느님께서 유다를 통해 이루고자 하는 바였으며 이루어져야만 했던 일입니다. 이것이 설사 유다가 예수를 '배신'하는 것이라 할지라도 마찬가지입니다. 유다로 인해 예수는 수난 사건으로 '넘겨' 질 수 있었습니다.

이제, '넘겨진' 예수는 완전히 수동적인 인물이 됩니다. 그렇게 그는 자신의 사랑을 새로운 방식으로 드러냅니다. 그렇게 해서 그는 '영광'으로 들어갑니다. 이전까지 예수는 사람들을 가르쳤습니다. 하지만 '넘겨진' 예수는 말을 하지 않습니다. 그전에는 경이로운 일을 행했으나 이제는 어떤 기적도 행하지 않습니다. 승리의 환호로 가득 찼던 곳이 절망의 자리로 바뀝니다. 예수를 칭송하던 이들이 이제 그를 경멸합니다. 전에 다른 이들을 살려주었던 이가 이제는 무력하게 죽음을 맞이합니다. 예수는 순수하고, 수동적인 사랑의 새로운 모습을 보입니다. 이 모든 일이 유다가 저지른 배신의 결과입니다. 유다는 그렇게 예수를 '넘겨주어야' 했습니다.

이 역설이 우리에게 무엇을 의미하는지 살펴봅시다. 우리 한 사람 한 사람은 누군가를 배신한 경험이 있으며 배신당한 경험이 있습니다. 배신을 경험할 때 우리는 우리 삶이, 내면이 더럽혀졌다고 느낍니다. 예수의 수난을 향해 나아갈 때 유다에 관한 질문은 이 내면, 우리 안에 자리하고 있는 '불결함'의 핵심을 꿰뚫고 들어옵니다. 배신과 (진실하고 신성한) 사랑이 어떻게 공존할 수 있을까요? 예수가 '넘겨져야' 했다면, 배신당하는 일이 예수의 사랑과 그가 겪을 수난을 위해 필요했다면, 왜 유다는 그 일 때문에 고통스러워해야 할까요? 하느님의 사랑이 지닌 '영광'이 드러나기 위해 예수가 '넘겨져야' 했다면, 그렇게 해야만 했다면, 왜 유다는 배신자라는 낙인이 찍힌 채 배신당해야 할까요?

이 질문은 우리의 가슴을 때립니다. 한편으로 이 질문에 대한 답을 우리는 이미 알고 있습니다. 전통에 따르면 배신을 한 뒤 유다는 비탄과 회한에 잠긴 채 스스로 목을 매달았습니다. 초기 교회는 유다에 관한 복음서의 마지막 진술들을 바탕으로 여러 예술 작품을 남겼습니다. 그중 독특한 작품이 하나 있습니다. 이 작품은 5세기에 상아로 만든 장식함인데 여기에 예술가는 두 남자가 매달린 채 죽음을 맞이하는 장면을 새겨 넣었습니다. 한 사람은 사랑 때문에 죽음을 맞이한, 십자가에 매달린 예수입니다. 다른 한 사람은 절망 때문에 죽음을 맞이한, 나무에 매달린 유다입니다. 유다의 죽음을 다룬 다른 작품들과는 달리 여기에는 예수가 배신자에 맞서 승리를 거두었다는 메시지가 담겨 있지 않습니다. 이 작품은

두 죽음을 대비시킴으로써 유다가 스스로 목숨을 끊은 것은 배신 때문이 아니라 하느님께서 베푸시는 자비를 거부한 채 절망했기에 일어난 비극이었음을 보여줍니다.

배신은 인간이 저지르는 죄 중에서도 심층에 자리하고 있는 죄이고 이 배신은 사랑과 구원에 관한 이야기와 긴밀하게 얽혀 있습니다. 이 때문에 수난 이야기에 새겨져 있는 짙은 배신의 흔적을 우리가 억압하거나 지워버려서는 안 됩니다. 배신하고 배신당하는 일은 끔찍한 경험입니다. 그러나 우리가 저지르는 배신, 우리가 당하는 배신은 그리스도교가 전하는 사랑에 담긴 가장 깊은 의미로 우리가 '넘겨지는' 통로가 될 수도 있는, 놀라운 가능성을 품고 있습니다. 하느님께서는 우리의 배신에도 불구하고 그분의 사랑을 빚으실 수 있으며 그 사랑을 흘러넘치게 하실 수 있습니다.

이러한 관점에서 볼 때 유다의 진정한 비극은 베드로와 달리 저 가능성을 믿지 못했다는 것, 절망했다는 것에 있습니다. 그는 주님께서 베푸시는 흘러넘치는 용서를 받아들이지 못했습니다. 하지만 유다가 죽음을 맞이한 이후에도 하느님께서 그를 용서하지 않을 거라 누가 장담할 수 있을까요? 저는 하느님께서 베푸시는 사랑이 몸서리치는 고통을 겪다 스스로 죽음을 택한 이들에게는 닿지 않는다는 말을 믿지 않습니다. 예수는 말합니다.

> 네가 하려던 일을 어서 하거라. 이제 사람의 아들이 영광을
> 받을 때가 왔다.

이 말에는 요한 복음서가 전하는 깊은 진실이 담겨 있습
니다. 초기 교회는 그 진실을 받아들이기 어려워했습니다.
초기 그리스도교인들은 신약성서가 내린 유다를 향한 저주
와 유다 복음서라 불리는 책(이 책은 새로이 등장한 '정통' 교회에
서 주창하던, 성찬례의 물질성을 강조하는 성사주의를 비난하기 위해
쓰였습니다)에 있는, 유다를 향한 영지주의자들의 칭송 사이
에서 휘청댔습니다. 그러나 요한 복음서가 전하는 진리는 저
둘보다 좀 더 깊은 곳에 자리하고 있습니다. 질서를 세우려
는 욕망, 통제하려는 욕망으로 점철된 이 타락한 세상에서는
기이하게도 인간의 사랑이 인간의 배신, 즉 '넘겨주는' 행위
와 함께 존재한다는 것입니다.

사랑은 참으로 연약해져야 하는 것이지만, 인간의 사랑은
그 참된 연약함을 거부하며, 하느님께서 베푸시는 흘러넘치
는 사랑에 저항합니다. 그러나 인간의 사랑이 이렇게 왜곡되
어 있다 할지라도 하느님께서는 당신의 아들이 넘겨지도록

허락하심으로써 당신의 계획을 실현해나가십니다. 그분께서는 배신자를 끊임없이 용서하시고 은총을 베푸십니다. 유다와 나란히 서 있는 우리도 수난이 전하는 핵심 진리에 저항합니다. 우리는 모든 것을 통제하려다 실패하고 절망에 빠지기를 반복합니다. 우리는 십자가의 길을 따르기보다는 이런 절망적이고도 기이한 순환에 휘말리기를 선호합니다.

우리는 유다와 함께 있습니다. 그는 균형을 유지하려는 자였으며, 그리스도를 수난에 '넘겨준' 자였습니다. 그는 절망에 빠진 비극적인 인간이었습니다. 그를 바라보십시오. 오늘은 유다의 밤입니다. 또한 우리의 밤이기도 합니다. 통제할 수 없는 것을 통제하려는 잘못된 갈망으로 점철된 밤, 하느님께서 베푸시는 자비를 잘못 이해한 나머지 절망에 빠진 밤입니다. 이 밤을 치유하고 회복할 수 있는 이는 오직 하느님의 아들뿐입니다.[1]

---

1 유다에 관한 성찰은 W.H. 반스톤W.H.Vanstone이 쓴 『기다림의 위상』에 빚을 지고 있음을 기쁜 마음으로 밝힙니다. W.H. Vanstone, *The Stature of Waiting* (London: Darton, Lonman and Todd, 2004).

✳

전능하시고 영원하신 하느님,

지으신 만물을 극진히 사랑하시며,

죄를 뉘우치는 모든 이를 용서하십니다.

당신의 사랑은 우리의 배신을 넘어서며

우리의 배신조차 당신의 사랑의 통로로 만드십니다.

비오니, 당신께서 지으신 세상과

우리 자신을 조정하려는 마음을 버리게 하소서.

그 조정에 실패하여 당신의 사랑에 눈뜨지 못한 채

절망에 빠지는 일이 없게 하소서.

진심으로 우리 자신을 뉘우쳐 탐욕과 어리석음을 버리고

그리스도를 통하여 주시는 온전한 구원을 바라게 하소서.

예수는 우리에게 신학적인 난제를 설명해주는 대신 하나의 본을 보여주었습니다. 자신의 몸을 본으로 삼아 자신이 행한 일을 함께 기억하라고, 자신이 그랬듯 빵과 포도주를 함께 나누라고 말했습니다. 이것이야말로 독에 물든 우리의 기억과 잃어버린 사랑을 치유할 수 있는 유일한 약, 초월적인 '불멸의 약'입니다.

IV

사랑

세상에 있는 자기의 사람들을 사랑하시되,

끝까지 사랑하셨다.

로널드 녹스Ronald Knox는 성공회에서 로마 가톨릭으로 옮긴 뒤 옥스퍼드 대학교의 채플린chaplain으로 활동하며 많은 학생에게 커다란 영향을 미친 인물로 알려져 있습니다. 그는 위트 있는 사람이기도 했습니다. 어린 시절 그에 관한 유명한 일화가 있습니다. 성직자 가족 중 막내였던 그는 조숙했으며 어릴 때부터 엄격한 교육을 받아 여섯 살 때 이미 그리스 문자를 익혔습니다. 그때부터 그는 불면증에 시달렸는데 언젠가 숙모가 그에게 잠이 오지 않을 때 무엇을 하느냐고

묻자 그는 답했습니다. "누워서 지난날을 되돌아봐요." 어린
아이 녹스처럼, 우리는 아주 오래전부터 우리 그리스도교 형
제들이 해 왔던 방식으로 "지난날을 되돌아" 봅니다. 하지만
이제는 흔히 과거를 기억하는 방식과는 다른, 새로운 방식으
로 지난날을 되돌아보아야 합니다. 모든 세속적인 사랑을 넘
어서는 사랑, 자기라는 틀에서 벗어나도록 우리를 이끄는 사
랑 안에서, 이를 다시 생각하고, 다시 기억해 보는 것, 예수는
자신을 따르는 이들을 이 길로 초대합니다.

이 초대에 응하려면 먼저 통상적인 방식으로 지난날을 생
각할 때 일어나는 문제와 마주해야만 합니다. 행복했던 기
억, 순수했던 시절이 떠오르면 우리는 잠들지 못하고 침대
위에서 이리저리 뒤척입니다. 내 기분을 상하게 했던 이들,
수치심을 안겨다 준 이들, 더 심하게는 학대당한 기억, 배신
당한 일이 떠오를 때도 우리는 분통이 터지고 억울한 마음이
들어 잠을 이루지 못합니다. 이럴 때 우리는 의식적으로 이
러한 기억들을 억누르거나 잊어버리려 합니다. 하지만 예수
의 길을 따라나설 때 우리는 이 모든 기억과 정직하게 마주
해야 합니다. 오래전 아우구스티누스Augustine of Hippo가 날카
롭게 진단했듯 지난날을 기억한다는 것, 기억이 담긴 판도라
의 상자를 여는 행위는 복잡하고 모호하기 그지없는, 연약한

인간이 만들어낸 쓰레기 더미를 살피는 것과 같습니다. 많은 경우 우리는 상자를 열며 의미를 찾으려, 사랑을 찾으려 애쓰다가 이내 좌절합니다. 우리의 기억은 그렇게 우리를 버리는 것만 같습니다.

어린 리처드 녹스가 잠을 뒤척이던 한밤중에 무슨 생각을 했을지 모르겠습니다. 사랑받은 일, 기념할만한 일, 휴가 때 즐겁게 놀았던 일처럼 즐거웠던 일들을 떠올렸을까요? 아니면 그 특유의 조숙함으로 걱정스러운 일, 어둠에 대한 두려움, 버려지고 혼자가 되는 것에 대한 두려움, 부모님을 잃는 것에 대한 두려움으로 잠을 이루지 못했을까요? 어쩌면 그랬을지 모른다는 생각이 듭니다. 그런 두려움은 모든 사람이 갖고 있는 것이니 말이지요.

앞에서 우리는 초대, 선물, 배신이라는 주제와 관련된 성서 구절을 묵상해 보았습니다. 위대한 이사야가 보여주었던 사랑의 포도밭을 다시 생각해 봅시다. 이야기에서 포도밭 일꾼들은 모두 치명적인 기억상실증에 걸려 있습니다. 그들은 자신들의 모든 갈망을 만족하게 해주리라는 하느님의 약속을 잊어버렸습니다. 이렇게 죄로 물든 세상, 모든 것을 지배하려는 욕망이 다스리는 질서 안에 있을 때 치명적인 기억상실증은 우리의 사고를 망가뜨립니다. 그 결과 우리는 내가 풍요를 누리기 위해서는 누군가가 가진 것을 빼앗아야 한다는, 신중하게 이해득실을 따져봐야 한다는 생각을 하게 되었습니다. 수난 이야기는 이 거짓 질서에 맞섭니다. 예수는 기꺼이 '넘겨'짐으로 이 질서를 거스릅니다. 예수가 수난을 감내하는 모습은 모든 이해득실을 넘어섭니다. 수난은 자기 자신만을 위한 치열한 분투가 아닙니다. 수난을 통해 우리는 전혀 다른 질서, 누구도 홀로 두지 않는 '영광'의 질서로 들어가게 됩니다.

그러나 신학적으로 그렇다고 생각하는 것과 이를 실제로 행하는 일은 또 다른 문제입니다. 기존 질서의 문제를 깨닫고, 결단하고, 이를 고치려 할 때면 다시 옛 질서가 우리 안으로 스며들어옵니다. 그 결과 또다시 내가 그 일을 해결할 수 있으리라는 환상에 빠집니다. 그러고서는 우리는 또다시 우리 자신의 힘으로 우리 인생을 고쳐보려 합니다. 그러나 온 힘을 다해, 좋은 뜻과 선한 의도로 그렇게 살아보려 할수록, 몸에 새로운 질서를 새기기에는 왜곡된 기억 속에 옛 질서의 흔적이 너무나 깊게 박혀 있다는 사실만을 알게 됩니다.

바로 이 때문에 예수는 우리에게 해야 할 일을 알려 줍니다. 사랑으로 가득 찬, 그가 예비한 미래로 나아가기 위해서는 어떻게 어두운 지난날을 '기억'해야 하는지를, 무엇이든 경쟁하고 정복하려는 성향에 물들어 왜곡된 우리의 육신을 어떻게 해야 넘어설 수 있는지를, 그러기 위해 무엇을 해야 하는지를 알려준 것입니다. 수난 전날 밤, 말로는 표현할 수 없는 아픔과 번민, 외로움과 마주하기 위해 동산으로 가기 전 예수는 우리를 향해 문을 열어 둡니다. 이 문은 우리의 기억이 새로워지고 사랑과 완벽하게 하나가 되는 신비를 향해 가는 첫 번째 문입니다. 그는 제자들의 발을 씻겨주고 빵과 포도주를 나누어주었습니다. 그리고 이 특별한 활동을 기억하라고 명령했습니다. 여기에 사랑의 포도밭으로 향하는 길이, 늘 길을 잃지만 다시금 들어가기를 갈망하는 그곳으로 돌아갈 수 있는 길이 있습니다. 예수는 우리에게 신학적인 난제를 설명해주는 대신 하나의 본을 보여주었습니다. 자신의 몸을 본으로 삼아 자신이 행한 일을 함께 기억하라고, 자신이 그랬듯 빵과 포도주를 함께 나누라고 말했습니다. 이것이야말로 독에 물든 우리의 기억과 잃어버린 사랑을 치유할 수 있는 유일한 약, 초월적인 '불멸의 약'입니다. 그는 수건을 들고 슬픔에 가득 차 있던 여인이 자신에게 했던, 남들 보기에는 충격적인 그 행위를 따라 했습니다. 제자들은 또다시 당혹감에 빠졌습니다.

유대교에서 내려오는 신혼부부 요셉과 아스낫에 관한 아

름다운 이야기를 떠올려 봅시다. 아스낫은 사랑하는 이의 발을 씻기는 일은 자기가 해야 한다고 말합니다. 당시 사람들이 다른 사람의 발을 씻는 일을 하인이나 하는 더러운 일로 여겼음에도 불구하고 말입니다. 예수가 자신의 친구들에게 한 일도 마찬가지입니다. 이 친교의 활동, 일치의 활동은 모든 세속적인 질서, 계층화된 질서에서 우리를 끄집어내어 자기라는 틀에서 벗어난 사랑으로 인도합니다. 발을 씻는 것, 성찬을 나누는 것은 우리가 그럴만한 자격이 있어서 행하는 것이 아닙니다. 교회가 그러한 식으로 세족식과 성찬례를 거행하는 것은 안타까운 일입니다. 예수가 제자들의 발을 씻겨주고 빵과 포도주를 나누는 행위에는 우리를 당혹스럽게 할 정도의 친밀함이 담겨 있습니다. 이 활동은 이해타산을 넘어선 사랑을 온전히 드러냅니다.

요한 복음서는 이를 인상적으로 표현합니다. 예수와 자신의 아버지가 맺은 완벽한 관계에서 사랑이 흘러나옵니다. 예수는 아버지께서 모든 것을 자신의 손에 맡겨주신 것과 자신이 하느님께로부터 왔다가 다시 하느님께 돌아가게 되었다는 것을 알고 있습니다(요한 13:3). 이는 노예의 굴종이 아닙니다. 어떠한 속임수도 아닙니다. 여기에는 순종함으로써 영광을 이루는 사랑의 순환만이 있을 뿐입니다.

세상에 있는 자기의 사람들을 사랑하시되, 끝까지 사랑
하셨다.

이제 우리는 어린 리처드 녹스처럼 어둠 속에서 우리의
지난날을 되돌아봅니다. 이 밤, 우리의 지난날은 다시 새로
워집니다. 죽음에 이를 때까지 그침 없이 우리를 새롭게 하
고 변혁하는 '신비'(이를 초기 교회는 성사sacrament라고 올바르게 불
렀습니다)로 들어가기 때문입니다. 이제 우리는 분노, 외로움,
절망을 넘어 우리의 몸이 그분의 사랑의 질서를 받아들일 때
까지 우리 자신을, 우리의 영혼과 육체를 끊임없이 이 사건
속으로 집어넣습니다. 그렇게, 예수를 기억합니다. 어둠 속
에서 지난날을 되돌아볼 때 예수는 우리를 자신의 수난과 영
광으로 가득 찬 왕의 길로 인도합니다. 그러니 그 길을 따라
나아가십시오.

❊

사랑의 하느님,
예수 그리스도께서는 잡히시던 날 밤에
성체성사를 세우시어 구원의 신비를 드러내셨습니다.

이 신비의 빛에 기대어 우리가

우리의 지난날을 정직하게 되돌아볼 수 있게 하소서.

당신의 은총으로 그 모든 것을 새롭게 하여 주소서.

우리가 모든 죄에서 벗어나게 하시고,

새 계명을 마음에 새기며 살아가게 하소서.

성부와 성령과 함께 한 분 하느님이신

우리 주 예수 그리스도의 이름으로 기도합니다.

아멘.

우리는 두려움 가운데 예수와 동행합니다. 이를 회피하는 것은 예수의 죽음이, 십자가가 전하는 의미를 회피함을 뜻하기 때문입니다. 우리는 통상적인 의미에서 죽음이 뜻하는 것을 살피며 계속해서 그 자리에, 그와 함께 머물러야만 합니다. 우리는 두려움 가운데 예수와 동행합니다. 그의 죽음이 우리와 연관되어 있음을 우리가 알고 있기 때문입니다.

V
두려움

또 여자들도 먼 데서 이 광경을 지켜보고 있었는데 그들
가운데에는 막달라 여자 마리아, 작은 야고보와 요셉의
어머니 마리아, 그리고 살로메가 있었다. 그들은 예수께
서 갈릴래아에 계실 때에 따라다니며 예수께 시중을 들던
여자들이다. 그 밖에도 예수를 따라 예루살렘에 올라온
여자들이 거기에 많이 있었다.

간호사들은 교육을 받을 때 환자와 '함께 머무르는' 훈련
을 받습니다. 의사는 환자의 치료가 끝나면, 혹은 자신이 치
료하거나 증상을 완화할 수 없는 상황에서는 손을 떼지만 간
호사는 그러한 상황 중에도 환자와 '함께 머물러야' 하기 때

문입니다. 간호사들은 화농성 상처, 화상으로 흉측하게 일 그러진 얼굴, 절단이 필요할 정도로 썩어 문드러져 가는 사 지, 창에 찔리고 못에 박힌 예수가 그랬던 것처럼 죽을 만큼 고통을 겪고 있는 이들을 지켜보며 그들과 '함께 머물러야' 합니다.

공관복음 기자, 즉 마태오, 마르코, 루가는 모두 예수가 죽 어갈 때 여인들만이 그 곁에 머물렀다고 기록합니다. 물론 여인들은 먼 데서 이 광경을 지켜볼 수밖에 없었습니다. 아 마도, 로마 백부장들이 그 참혹한 광경 가까이 가지 못하게 여인들을 막아섰던 것 같습니다. 십자가 처형은 혐오스럽고 역겨운 만큼이나 정치적으로 영악한 행동이었습니다. 그들 은 그러한 폭력을 통해서만 평화를 지킬 수 있음을, 팍스 로 마나를 유지하는 데는 그만한 대가를 치러야 한다는 점을 분 명히 밝혔습니다. 이런 메시지는 남성들에게 두려움을 불러 일으켰지만, 여성들에게는 소용이 없었던 것 같습니다. 애초 에 여성들을 염두에 둔 메시지는 아니었으니까요. 예수의 죽 음을 지켜보고 있던 여인들이 어떻게 해서 넘치는 사랑과 헌 신으로 예수의 마지막 시간 동안 그 곁을 지키게 되었는지는 명확하게 알 수 없습니다. 분명한 건 그들이 무리에서 떨어 져 나와 한 켠에서 예수와 함께 머물렀다는 것입니다.

두려움horror은 설명과 정의를 거부하는 단어입니다. 삶의 의미를 잃어버릴 때 우리에게는 참담할 정도의 두려움이 찾아옵니다. 불의와 맞닥뜨렸을 때 엄습하는 두려움, 완전한 무력감을 느낄 때 다가오는 두려움, 악이 승리하고 여기에 아무런 대응도 하지 못할 때 느끼는 두려움... 성금요일 우리는 이런 두려움과 관련된 질문들을 마주합니다. 그 질문들은 우리를 밀어붙입니다. 예수 곁에 있던 여인들처럼, 어떠한 끔찍한 광경과 마주하더라도 눈을 돌리지 않는 법을 익힌 간호사들처럼 예수가 죽음을 맞이할 때 엄습해 오는 저 참담한 두려움과 '함께 머무를 수' 있느냐고, 그럴 의향이 있냐고, 예수가 어둠 속에서 고통을 겪고 있는 그 마지막 자리에서 그와 동행할 수 있느냐고 말입니다. 우리는 두려움 가운데 예수와 동행합니다. 이를 회피하는 것은 예수의 죽음이, 십자가가 전하는 의미를 회피함을 뜻하기 때문입니다. 우리는 통상적인 의미에서 죽음이 뜻하는 것을 살피며 계속해서 그 자리에, 그와 함께 머물러야만 합니다. 우리는 두려움 가운데 예수와 동행합니다. 그의 죽음이 우리와 연관되어 있음을 우리가 알고 있기 때문입니다. 두려움은 어디로부터인가 날아온 악한 운명이 우리의 삶을 침범할 때 일어나는 것이 아닙니다. 두려움은 우리가 우리 고유의 인간성을 잃어버릴 때 우리를 찾아옵니다. 악을 마주하고도 침묵하거나 암묵적으로 동의함으로써 우리는 참혹하고도 두려운 그 사건에 공모하고 참여합니다. 십자가에 매달린 예수와 함께 머무르며 우리는 우리를 구원한 이에 대한 사랑을 표현할 뿐 아니라 저 고통스럽고 쓰라린 사실을 받아들입니다.

십자가에 매달린 예수와 함께 머무르며 우리는 지금 이곳에 존재하는 신비에 응답합니다. 아무것도 아닌 일을 신비화하거나 단순한 사건을 복잡하게 만드는 것이 아닙니다. 우리눈앞에서 펼쳐지는 이야기에 기꺼이 머무르고자 결단하며, 이 모든 두려움이 가리키는 것을 향해 끊임없이 나아감으로써 우리는 그 신비에 응답합니다. 이 신비는 매 순간 우리를 더 깊은 의미로 인도합니다. 신비는 결국 드러나게 되어 있습니다. 하지만 절대 서두르지 마십시오. 우리는 궁극적으로 마주하게 되는 질문, '왜'라는 질문을 회피해서는 안 됩니다. 왜 하느님께서는 이처럼 두려움을 불러일으키는 사태가 일어나게 내버려 두셨을까요? 왜 그분은 불의가 사랑을 이기는 것을 허락하셨을까요? 예수의 수난, 십자가 사건이 지닌 신비는 이야기와 이어져 있기에 저 물음들에 대한 답은 저 이야기 밖에서 얻을 수 없습니다. 먼저 우리는 우리 안에 도사리고 있는, 그리고 타인에게 도사리고 있는 두려움과 직면해야 합니다. 이는 길을 헤쳐 나갈 수 있다는 모든 소망을 접은 채, 그럼에도 두려움 가운데 십자가를 바라보고자 하는 이들, 남에게 보이는 현란한 사랑이 아니라 순전한 사랑, 예수를 좇은 여인이 보여주었던 당혹스럽지만 흘러넘치는 사랑에 빠진 이들에게 주어지는 특별한 선물입니다.

이 길만이 더 깊은 의미로, 희생과 속죄라는 '더 깊은 신비'로 우리를 돌이켜 인도하는 첫 번째 길이자 유일한 길입니다. 그러니, 어딘가를 향해 나아가기 전에 우선 머무르십시오. 아무것도 하지 않고, 아무것도 할 수 없고, 아무것도 이해할 수 없다 해도 그곳에 머무르십시오.

낮 열두 시가 되자 온 땅이 어둠에 덮여 오후 세 시까지 계속되었다.

*

하늘에 계신 아버지, 우리를 불쌍히 여기소서.
당신의 아들이 고난을 받을 때 그러하듯
두려움에 떨고 있는 이들, 공포에 질린 이들, 아픈 이들,
죽음과 마주한 모든 이를 굽어살피소서.
우리 모두에게 자비를 베푸소서.

이웃에게 잔인한 행동과 부주의한 행동을 삼가도록 도와주시고
고통을 겪고 있는 이들의 고통을 덜기 위해
특별한 소명을 받아 그들과 함께 하는 이들에게 힘을 주소서.
우리 한 사람 한 사람이 고통 받고 있는 이들이 외치는 소리에,
그들이 무엇을 필요로 하는지 늘 관심을 기울이고
주 예수 그리스도를 통해 우리 자신이 거듭날 수 있도록
우리를 인도하소서. 아멘.

예수는 모욕당함으로써, 모욕을 감수함으로써, 하느님께서 그에게
주신 권능을 포함한 모든 것을 내려놓습니다. 수난 이야기에서 그는
온전히, 아무 힘도 갖고 있지 않습니다. 그렇게 그는 절망스럽고 무
의미한 십자가 처형뿐 아니라 자신을 향한 군중의 조롱을 감내합니
다. 이로써 하느님이 온전한 인간이 되었다는, 성육신이 담고 있는
위대한 진리가 드러납니다.

VI

모욕

지나가던 사람들이 머리를 흔들며 "성전을 헐고 사흘이
면 다시 짓는다던 자야, 네 목숨이나 건져라. 네가 정말
하느님의 아들이거든, 어서 십자가에서 내려와 보아라"
하며 모욕하였다. 같은 모양으로 대사제들과 율법학자들
과 원로들도 "남은 살리면서 자기는 못 살리는구나. 저 사
람이 이스라엘의 왕이래. 십자가에서 한번 내려와 보시
지. 그러면 우리가 믿고말고. 저 사람이 하느님의 아들입
네 했으니 하느님이 원하시면 어디 살려 보시라지" 하며
조롱하였다.

앞에서 우리는 두려움에 관해 살펴보았습니다. 이제 생각

해 볼 주제는 모욕입니다. 어떤 의미에서 모욕, 혹은 수치심은 두려움의 범주에 속합니다. 모욕당할 때, 수치심을 느낄 때 우리는 두려움 또한 느낍니다. 그러나 십자가에 매달린 예수, 수난당하는 예수가 당한 모욕에는 특별한 의미가 있습니다. 그가 당한 모욕은 무언가를 종결짓습니다. 십자가, 예수의 수난은 종교적인 협상을 분쇄해 버립니다. 십자가 앞에서는 우리가 의미 있다고 여기는 모든 것이 부서질 뿐 아니라, 우리가 은연중에 바라는 보상도 사라집니다. 모든 것이 부서집니다. 모욕을 당할 때 우리는 우리가 받아야 할 대접을 받지 못할 뿐 아니라 문자 그대로 부서져 우리 본연의 모습인 흙으로 돌아갑니다. 그렇게 우리는 아담, 흙이 됩니다. 그렇게, 우리는 "흙을 먹"습니다.

종교적인 맥락에서 우리가 인생에서 수치를 경험한다는 것은 일종의 신호일지 모릅니다. 우리가 붙잡고 있던 종교적인 의미부여 체계로는 더 이상 우리에게 일어나는 일을 설명할 수 없음을 드러내는 신호 말이지요. 예수는 모욕당함으로써, 모욕을 감수함으로써, 하느님께서 그에게 주신 권능을 포함한 모든 것을 내려놓습니다. 수난 이야기에서 그는 온전히, 아무 힘도 갖고 있지 않습니다. 그렇게 그는 절망스럽고 무의미한 십자가 처형뿐 아니라 자신을 향한 군중의 조롱을 감내합니다. 이로써 하느님이 온전한 인간이 되었다는, 성육신이 담고 있는 위대한 진리가 드러납니다.

기이하게도, 이렇게 예수가 낮아지면 낮아질수록 베일에 싸여 있던 새로운 의미가, 희망이 되살아나는 곳으로 향하는 문이 열립니다. 예수의 수난은 이 문을 열고 닫는 경첩이라고도 할 수 있습니다. 예수는 우리가 당하는 모욕, 우리가 당하는 수치를 나눔으로써 아담이라는 흙을 새롭게 빚기 시작합니다. 그렇게 그분은 낮아지셔서 우리와 같아지십니다. 그리고 그분은 적극적으로 무기력해지셔서 무기력한 우리와 함께하십니다. 이것이야말로 그분께서 우리를 새롭게 하려고 내놓은 새로운 치유제입니다. 그러나 우리는 아직 어두운 밤 속에 있기에 이를 깨닫지 못합니다.

중세의 위대한 신학자들은 십자가 사건을, 그 사건에 흐르고 있는 신적인 논리를 설득력 있게 설명하기 위해 고군분투했습니다. 특히 그들은 예수가 하느님이라면 어떻게 우리가 당하는 모욕, 우리가 느끼는 수치심을 나눌 수 있는지, 하느님이 인간적이기 그지없는 그 같은 감정과 경험을 어떻게 나누셨다는 것인지, 그리고 그렇게 하느님께서 낮아지신 일이 어떻게 우리를 죄와 죽음에서 해방할 수 있는지를 설명하는 데 골몰했습니다. 여기에는 커다란 문제가 있습니다. 오늘

날까지도 십자가에 달린 예수를 설명하려는 시도는 두 가지 설명 중 하나로 수렴하는 경향이 있습니다. 하나는 예수가 고통당하는 척했을 뿐 그는 하느님, 신성을 지닌 초인이었기 때문에 실제로는 아무런 고통도 느끼지 않았다는 설명입니다. 다른 하나는 예수가 수난을 겪고 십자가에 매달리는 가운데 아무런 힘도 쓰지 못한 채 휘청거렸던 역사 속의 한 인물에 불과하다는 설명입니다. 여기서 예수가 지닌 신성은 사라집니다. 그러나 이 둘 중 하나를 고를 수는 없습니다. 이는 애초에 나눌 수 없는 것을 나누어 놓고, 잘못된 선택지에서 정답을 고르려 하는 시도입니다. 그리스도 안에서 신성과 인성이 교류하고 있다는 진리는 이해하기 쉽게 포장할 수 없습니다. 이 진리는 우리에게 예수가 실제로 겪은 고통을 묵과해서도 안 되고 그렇다고 해서 고통에 자리하고 있는 신성한 힘을 놓쳐서도 안 된다는 것을 알려줍니다. 예수 그리스도는 고통당함으로써 자신이 지닌 신성한 힘을 드러냅니다. 이러한 맥락에서 토마스 아퀴나스Thomas Aquinas는 예수의 수난을 묵상하는 가운데 인상적인 구절을 남겼습니다.

아들 그리스도, 삼위일체 하느님의 두 번째 위격이신 그분은 성부 하느님보다 못한 존재가 아니시다. 그분은 우리 모

두가 겪는 아픔을 더욱 느끼셨으며 더욱 모욕당하셨다. 그
분이 하느님이기 때문에 더욱 그렇게 하셔야 했다.

위 구절은 신성과 인성의 '위격적 결합' 안에서 성육신 사
건이 지닌 철학적 의미를 드러냅니다. 하느님으로서 예수 그
리스도는 모든 것을 아십니다. 그분은 우리가 당하는 모든
모욕을 아십니다. 연인이 입을 맞추며 서로를 알 듯, 친히 더
욱 모욕을 당하심으로서, 우리가 겪는 고통을 온전히 아십니
다. 또한 인간이신 그분은 인간으로서, 우리가 그 고통 속에
서 철저히 무지하듯이 그렇게 무지 속에 계십니다.

그리스도교인인 우리는 잘하면 상을 주고 못 하면 벌을
주는 체계에 갇혀 있는, 우리가 기쁘게 해야 하고 화가 나면
달래야 하는 신을 믿지 않습니다. 우리가 믿는 하느님은 우
리의 가장 어둡고 사악한 죄, 그 죄의 결과까지를 자신의 것
으로 취하시는 분입니다. 이제, 주어진 삶을 스스로 조종하
려는 세계에서 하느님께서 조종하시는 세계로 우리를 '넘겨
줄', 작지만 고귀한 의미의 줄 한 가닥이 우리에게 내려옵니
다. 의미의 빛 한 줄기가 우리를 비춥니다. 십자가는 의미 너
머에 있는 의미를 향해 나아갈 가능성을 엽니다. 십자가는
모든 이해타산을 넘어, 인간이 당하는 모욕과 수치 안에서도

신적 교환이 일어나고 있음을 알리는 신호입니다. 이 신호를
바라보며 우리는 기다립니다.

*

우리에게 은총을 베푸시는 주님,
당신은 모욕당하고 경멸당하는 모든 사람과 함께 하심으로써
당신의 정체를 드러내셨습니다.
비참함과 갈급함 가운데 저들의 울부짖는 소리가 당신에게 닿기를,
그리하여 그들이 고통을 겪는 와중에, 그 비참함과 갈급함 사이로
당신의 자비를 발견할 수 있기를 바라나이다.
그리고 우리를 위해 수난당하신 우리 주, 예수 그리스도를 위하여,
비참함과 갈급함 가운데 있는 이들을 섬길 수 있기를,
그들에게 공감할 수 있는 마음을 갖기를 기도합니다. 아멘.

십자가 위에서 예수가 행한 용서를 통해 우리는 성부 하느님과 성자 하느님이 맺은 영원한 관계, 이해타산을 넘어선 선물에 담긴 논리를 깨닫게 됩니다. 그곳에서 우리는 십자가가 어떻게 우리를 해방해 서로를 용서할 수 있는 새로운 능력을 갖추게 하는지, 성부와 성자가 맺은 관계가 우리를 어떻게 감싸는지를 엿봅니다.

VII

용서

그들은 해골이라 하는 곳에 이르러서, 거기서 예수를 십
자가에 달고, 그 죄수들도 그렇게 하였는데, 한 사람은 그
의 오른쪽에, 한 사람은 그의 왼쪽에 달았다.
그 때에 예수께서 말씀하셨다. "아버지, 저 사람들을 용서
하여 주십시오. 저 사람들은 자기네가 무슨 일을 하는지
를 알지 못합니다."

세상에는 용서할 수 없는 일들이 있습니다. 용서를 해야
한다면 먼저 용서를 할 만한 상황이 되어야, 그러니까 잘못
을 저지른 사람이 잘못에 상응하는 대가를 치르고 벌을 받아
야 합니다. 우리는 보통 그렇게 생각합니다. 오늘날 국가와

형벌 제도는 이러한 상식에 기초하고 있습니다. 하지만 한편으로는 그 전제, 인간이 자신이 저지른 일에 책임을 질 수 있다는 생각은 망상에 불과한 것으로 보이기도 합니다. 우리는 모두 자신이 무엇을 하고 있는지도 모른 채 어둠 속을 헤매며 살아가고 있을 뿐이지 않은가요?

용서에 관한 예수의 가르침을 접할 때, 그리고 십자가 앞에 설 때 우리는 이러한 질문과 정면으로 마주하게 됩니다. 새로운 차원에서 예수의 죽음에 '왜'라고 물을 수 있게 되고, 예수가 죽음으로써 드러나는 인간의 불의, 예수의 죽음에 담긴 더 깊은 메시지, 하느님께서 우리에게 전하고자 하는 메시지에 관해 숙고할 수 있게 됩니다. 이러한 맥락에서 예수가 십자가 위에서 자신의 아버지를 향해 다른 이들을 용서해주기를 간구했다는 것을 생각해봅시다. 이 의미심장한 장면에는 역설이 담겨 있습니다. 왜 그는 직접 자신에게 고통을 준 이들을 용서하지 않고, 아버지에게 그들을 용서해 달라고 간구했을까요? 예수는 우리가 먼저 용서해야 한다고 가르치지 않았습니까? 그가 직접 가르친 기도, 주의 기도에서도 하느님께 우리의 죄를 용서해달라고 간구하기 전에 먼저 우리가 우리에게 잘못한 이를 용서해야 한다고 나오지 않던가요? 그리고 그 전에도 사람들에게 용서를 선포함으로써 바

리사이인들을 분노케 하지 않았던가요?

분명, 예수는 용서를 자주 선포했습니다. 이러한 그의 모습은 언뜻 그가 물려받은 유대교 유산과 커다란 긴장을 일으키는 것처럼 보입니다. 이 긴장을 이해하기 위해 창세기에 기록된 요셉 이야기 결말부를 살펴보겠습니다. 이 이야기는 배신과 용서라는 주제를 심도 있게 다룹니다. 요셉의 형제들이 요셉을 찾아옵니다. 수년 전, 자신의 아우(요셉)를 죽이려 했던 것에 용서를 구하러 말이지요. 그들이 그 일을 진심으로 후회해서 그랬던 것은 아니었습니다. 그들은 요셉이 자신들을 벌할까 봐 두려워하고 있었습니다. 그런데 이때 히브리 성서에서 가장 비범한 장면이 펼쳐집니다. 요셉은 이미 형제들에 대한 모든 원망과 분노를 푼 상태였습니다. 그럼에도 그는 용서 여부를 조심스럽게 하느님에게 돌립니다.

> 두려워하지 마십시오. 내가 하느님을 대신하기라도 하겠습니까? (창세 50:19)

이어서 요셉은 말합니다.

> 형님들은 나를 해치려고 하였지만, 하느님은 오히려 그것을

선하게 바꾸셔서, 오늘과 같이 수많은 사람의 생명을 구원
하셨습니다. (창세 50:20)

히브리 성서는 우리에게 용서란 두렵고도 경이로운 무엇
임을 상기시켜 줍니다. 엄밀하게 말해 용서란 하느님만이 베
푸실 수 있는 것이기 때문입니다. 시편 기자는 말합니다.

용서는 주님만이 하실 수 있는 것이므로, 우리가 주님만을
경외합니다. (시편 130:4)

여기서 쓰인 히브리어 '살라크'שׁלח는 하느님의 용서를 가
리킬 때 특별히 쓰이는 말입니다. 용서란 하느님만이 하실
수 있습니다. 그러므로 예수가 아버지를 향해 자신을 박해하
는 이들을 용서해달라고 간구할 때 이는 용서라는 문제와 관
련해 그 주체를 자신이 아닌 하느님께 돌리는 유대교 전통을
따른 것이라 할 수 있습니다. 물론 그는 비유를 전하거나 기
도를 가르칠 때 다른 사람을 용서해야 한다고 말했습니다.
하지만 이 요구는 우리가 누군가를 용서할 수 있는 능력이
하느님께서 하시는 활동으로 유지되고 있음을 전제할 때 성
립됩니다. 용서라는 행위 저변에는 질서를 유지하려는 경향,

옳고 그름을 완고하게 구분하려는 경향을 넘어선 성부와 성자 사이에 일어나는 신적 교환, 신적 활동이 자리하고 있습니다. 예수가 사목 활동을 하는 중에 죄의 사함을 선포할 때마다 얼마나 커다란 논쟁이 일어났는지를 떠올려보십시오. 사람의 아들 예수는 자신이 용서를 선포하는 것이 아버지 하느님께서 베푸신 용서를 확장하는 것이라고 생각했습니다. 바로 그곳에서, 예수의 선포를 통해, 온전한 인간성을 발현할 수 있는 길이 열립니다. 자기를 넘어서는 사랑과 관대함을 베푸는 삶으로 한 걸음 내디딜 수 있게 된 것입니다(마르 2:10 참조).*

십자가 위에서 예수가 행한 용서를 통해 우리는 성부 하느님과 성자 하느님이 맺은 영원한 관계, 이해타산을 넘어선 선물에 담긴 논리를 깨닫게 됩니다. 그곳에서 우리는 십자가가 어떻게 우리를 해방해 서로를 용서할 수 있는 새로운 능력을 갖추게 하는지, 성부와 성자가 맺은 관계가 우리를 어떻게 감싸는지를 엿봅니다.

1940년 독일군이 런던을 공습할 때 그리스도교 문필가 찰스 윌리엄스는 『죄의 용서에 관하여』라는 얇지만 탁월한 책

---

* 이제 땅에서 죄를 용서하는 권한이 사람의 아들에게 있다는 것을 보여주겠다. (마르 2:10)

을 썼습니다. 이 책에서 그는 도저히 용서할 수 없을 것만 같은 상황을 마주하더라도 용서가 이루어질 수 있음을 설명하기 위해 신적 '교환'이라는 독창적인 이론을 전개했습니다. 그는 말합니다.

> 우리가 우리 자신에게서 나와, 그리고 벗어나 우리의 적과 박해자가 머물고 있는 자리에 설 때, 그렇게 우리 자신을 볼 때만 우리는 진심으로 우리의 죄를 용서받았음을 받아들일 수 있으며 그 힘을 감지할 수 있다. 하지만 자기에서 벗어나는 행위는 근본적으로 하느님께서 신비로운 몸을 통해 활동하실 때만 이루어질 수 있다. 그 안에서 나는 아버지와 아들 사이에서 이루어지는 영원한 사랑의 교환에 참여하며 이로써 나를 휘감고 있는 분노와 쓰라림은 부서진다.[1]

"아버지, 저들을 용서하여 주십시오." 이 말은 우리가 십자가에 어떠한 식으로든 의미를 부여하는 것을 거부합니다. 하지만 그렇다 할지라도 이 말을 통해 우리는 의미 너머에 있는 의미를 엿보기 시작합니다.

---

1   Charles Williams, *The Forgiveness of Sins* (London: Heinemann, 1938).

＊

오, 하느님,

우리는 우리에게 잘못한 이를 용서하는 데 늘 실패합니다.

부디, 이 굴레에서 저희를 자유롭게 해주소서.

당신께 간구하오니, 당신의 아들,

우리의 구세주 예수 그리스도를 통해 우리에게 보여주신

풍요로운 생명이 지닌 자유를 우리에게 허락하소서.

지금부터 영원토록 예수 그리스도께서는

한 분 하느님, 성령과 함께 하나를 이루시며

저희를 통치하심을 저희가 믿습니다. 아멘.

인간의 통제가 무너지는 곳에 참된 희생, '결박', 십자가가 있습니다. 그곳에서 우리가 만들어낸 의미는 부서지나 신성한 의미는 부서지지 않습니다. 우리는 기껏해야 '수직적인' 차원을 힐끗 엿볼 뿐이지만, 그곳에서 하느님의 내적 생명으로 이루어지는 신적 교환, 자기라는 틀을 넘어선 사랑의 나눔이 일어납니다. 이 세계를 구원하기 위해, 아들의 고통을 받아들이는 아버지의 변치 않는 부드러운 손길이 우리를 매만지십니다.

VIII

희생

그러니 이제 무슨 말을 더 하겠습니까? 하느님께서 우리
편이 되셨으니 누가 감히 우리와 맞서겠습니까? 우리 모
든 사람을 위하여 당신의 아들까지 아낌없이 내어주신 하
느님께서 그 아들과 함께 무엇이든지 다 주시지 않겠습니
까? 하느님께서 택하신 사람들을 누가 감히 고소하겠습니
까? 그들에게 무죄를 선언하시는 분이 하느님이신데 누가
감히 그들을 단죄할 수 있겠습니까?

"당신의 아들까지 아낌없이 내어주신 하느님." 이제 우리
는 모든 면에서, 어떻게 해도 피할 수 없는 질문 앞에 서 있
습니다. 왜 예수는 십자가에서 희생당해야 했을까요? 예수

의 죽음이 단순히 죄로 물든 세상과 대립하다 맞게 된 불행한 결말이 아니라 하느님께서 온전히 의도한 사건이었다면, 우리는 이를 어떻게 설명할 수 있을까요? 이 지상에서 우리가 겪는 고통, 느끼는 아픔은 눈먼 인간의 수평적 관점에서 보았을 때 고통과 아픔이지, 하느님께서 주관하시는 질서와 섭리라는 관점에서 보았을 때는 달리 보일 수 있습니다. 그렇기에 우리는 하느님의 관점으로 보면 이렇게 저렇게 해석할 수 있겠다는 틀을 만들고 그 틀에 우리가 겪는 고통을 맞추려 합니다. 체육관에 고문 기구들을 갖다 놓고 그 기구들을 써서 수십 분 동안 자신을 괴롭힌 뒤에, 그것이 자신에게 이로운 행동이라도 되는 것처럼 말하듯, 우리는 아픔을 겪었을 때 하느님께서 우리를 이롭게 하시기 위해 그러한 일을 벌이셨으며 그것이 자신에게 좋은 일이었다는 환상을 만들어냅니다. 하지만 인간인 우리가 겪는 고통은 그런 식으로 해석할 수 있는 것이 아닙니다. 고통에 직면하면, 우리가 그때까지 의미가 있다고 믿었던 모든 것이 산산이 조각나버립니다. 그럴 때 우리는 희망을 잃어버립니다. 그때까지 우리를 지탱하던 자원들도 고갈됩니다. 하느님께서 우리를 버렸다는 생각이 우리를 뒤덮습니다. 하느님이 우리를 받아들이지 않으셨으며 우리를 향해 폭력을 휘두르고 일부러 상처를 주고 있다는 생각이 들 때도 있습니다.

전통적으로 그리스도교인들은 성금요일에 수난 이야기를 묵상하며 이와 함께 이삭의 '희생'에 관한 이야기, 그를 '묶어' 바친 이야기Akedah를 읽곤 했습니다. 예수의 수난과 마찬가지로 이 이야기는 희생이라는 주제에 관한 통렬한 물음을 제기합니다. 아케다는 유대교가 우리에게 전해준 유산 가운데서 헤아릴 수 없는 고통, 인간이 겪는 고통을 가장 잘 드러낸 이야기입니다. 이 이야기에서 하느님께서는 아브라함에게 칼을 들어 아들 이삭을 죽이라고 명하십니다. 이 명령은 옳고 그름에 대한 우리의 모든 판단, 가족 구성원에 대한 책임 의식, 윤리 체계를 거스릅니다. 이 명령에서는 어떠한 '종교적'인 의미도 보이지 않습니다.

몇 년 전, 미국 보스턴에 있는 지역 교회에서 열세 살 먹은 아이들에게 창세기를 가르친 적이 있습니다. 그중 가장 기억에 남았던 순간은 아브라함이 이삭을 '묶어' 바친 이야기를 아이들에게 전했을 때였습니다. 상당수 아이가 이 이야기를 처음 접했다는 사실이 특별히 인상적이었다는 말이 아닙니다. 아이들은 십자가 이야기를 단순한 방식으로만 반복해서 들었기에 그 사건이 본래 지닌 속성, 사람들에게 충격으로 다가갈 수밖에 없는 십자가 사건의 의미를 전혀 알지 못했습니다. 이들에게 십자가 이야기와 이삭의 이야기를 함께 들려주자, 아이들은 새로운 반응을 보이기 시작했습니다. 저는 아이 중 한 명에게 이삭 이야기를 읽게 하고서 아이들이 어떻게 반응하는지 살펴보았습니다. 공교롭게도 그 자리에서 이야기를 듣는 아이들은 모두 장남, 장녀 혹은 외동아들, 외동딸이었습니다. 이야기가 절정으로 치닫자 아이들은 모두 충격을 받았고, 그로 인한 침묵이 방을 채웠습니다. 남자아이들은 혼란스러워하고 당황하면서 고개만 떨구고 있었습니다. 이내 정적을 깨고, 여자아이 두 명이 온 힘을 다해 자신의 의견을 말했습니다. "뭔가 잘못된 것 같아요." "그냥 말로만 그렇게 한 것이겠지요? 하느님께서 정말 이삭을 죽이려고 하시지는 않았을 거예요. 아브라함은 하느님께 순종하면서도 그걸 알고 있었겠죠? 이삭에게는 왜 그런 일이 일어나나요? 아브라함은 이삭에게 그가 죽을 거라고 알려줘야 하는 거 아닌가요?" 아이들은 아케다 사건을 자신들이 이해할 수 있는 질서에 맞춘 뒤 그 의미를 살피려 했습니다. 하느님께서는 자식의 목숨을 가장에게만 맡기기를 바라지 않으시며, 그런 요구를 하지도, 그런 학대와 폭력이 일어나도록 내버려 두지도 않으실 거라는 두 어린 페미니스트들(누군가는 이렇게 이들을 부르겠지요)의 주장이, 어떻게든 이 일을 이해

해보려는 열정이 제 마음에 와 닿았습니다.

우리는 이야기를 아브라함의 입장에서, 이삭의 관점에서 각각 살펴보며 이 이야기가 어째서 이토록 충격을 가져다주는지 생각을 나누었습니다. 아브라함의 입장에서, 그가 시험받는 모습을 함께 살피며, '하느님을 경외한다는 것'이 무엇인지 이야기도 나누었습니다. 칸트나 근대 유대교 자유주의 전통이 주장하듯 아브라함이 이삭을 죽이라는 하느님의 명령에 '아니오'라고 말해야 했는지, 아니면 맹목적으로 순종해야 했는지도 이야기했습니다. 유대교 랍비들은 이 이야기를 새롭게 보고, 좀 더 이해 가능한 수준으로 만들기 위해 다양한 설명을 내놓았습니다. 어떤 이들은 당시 이삭이 성인이었고 스스로 기꺼이 제단에 올라갔다고 설명했습니다. 어떤 이들은 제사를 '영성화'해서 아브라함이 바친 것은 이삭의 몸이 아니라 영혼이었다고 해석하기도 했습니다. 어떤 이들은 이삭이 실제로 죽었으나, 순교자로 인정을 받은 다음 재 속에서 다시 살아났다고 보기도 했습니다. 하지만 아케다 사건을 아동 학대 이야기로 받아들이는 건 위험할 뿐 아니라 지나치게 표층만을 읽는 것이기도 합니다. 이 이야기의 핵심은 모든 인간적인 의미가 부서져 버린다는 점에 있습니다. 아케다 이야기는 인간이 붙들고 있는 하느님 상像을 깨뜨립니다. 우리 모두가 암묵적으로 갖고 있는, 상식이라 믿는 것 속에 머물면서 하느님과 협상하려는 생각, 하느님과 흥정을 벌이려는 생각, 하느님을 조종하려는 생각을 부서뜨립니다. 이 이야기에서 우리가 만들어낸 '통제'라는 우상은 완전히 박살 납니다. 아케다 이야기는 우리가 삶에서 의미가 있다고 생각하는 모든 것을 완전히 부서뜨림으로써 저 우상에 맞섭 니다. 우리는 자신이 만든 '법'을 어기시는 것처럼 보이는 하 느님을 이해할 수 없습니다. 우리를 함정에 빠뜨린 뒤 우리 를 갖고 노는 것만 같은 하느님을 이해할 수 없습니다. 이러 한 하느님 앞에서 사랑과 정의에 대한 우리의 모든 관념은 뒤흔들립니다. 아케다 이야기는 우리가 옳다고 생각하는 하 느님, 그렇게 우리가 만들어낸 하느님 상을 찢거나 박살 내 버립니다. 20세기 초, 말로는 다 표현할 수 없을 정도로 끔찍 한 일이었던 홀로코스트가 일어나기 전에 랍비 아브라함 쿡 Rabbi Abraham Kook은 말했습니다.

아케다는 우상숭배를 깨뜨리기 위해 우리의 정신뿐 아니라
우리의 마음도 부서뜨린다.

이제 우리는 박살 난 의미의 파편들만을 가지고 하느님께

나아갑니다. 일련의 사건들을 통해 충격에 빠진 채 하느님께 나아갑니다. 폭력으로 얼룩진 우리의 손에 자비로운 천사가 머뭅니다. 기존에 갖고 있던 하느님에 관한 생각들은 모두 정화되어야 합니다. 제거되어야 합니다. 없어져야 합니다. 우리는 하느님께서 어떤 일을 하실지 예측할 수 없습니다. 우리는 하느님을 통제할 수 없습니다. 우리는 여전히 이곳, 고난의 '수평적인' 차원에 머물러 있습니다.

그러므로 아케다 이야기의 핵심은 희생 제물을 인간의 손에만 맡기는 것, 제물을 조종하려는 일반적인 질서를 중단시키고 깨뜨리는 희생입니다. 이야기에서 아브라함이 이삭을 죽이려 하자 제3의 인물인 천사가 이를 중단시킵니다. 그는 아브라함과 이삭을 이전과는 다른, 인간이 조종할 수도 없고 통제할 수도 없으며 이를 넘어서는, 심지어 자식의 순종이라는 가치까지 넘어서는 신적 교환, 더 '높은' 차원에서 이루어지는 사랑의 신성한 교환으로 초대합니다.

다시 한 번 강조하지만 아케다라는 비범한 이야기는 우리가 기존에 갖고 있던 모든 의미를 부서뜨리는 데 초점을 맞춥니다. 유대교와 그리스도교의 가장 심원한 희망을 담고 있는 이 이야기는 동시에 유대교와 그리스도교를 분리하는 가장 커다란 지점이 되었습니다. 유대교 전통은 이 이야기를 보다 다양한 방식으로, 보다 풍성하게 다루려고 노력했습니다. 그리스도교 전통은 바울이 살던 시대부터 이 이야기를 그리스도의 수난에 비추어 읽고 새로운 의미로 대체했습니다. 그리스도교인들에게 그리스도는 이삭, 혹은 (희생 제사가 더 잘 이루어지게 하는) 덤불에 있는 양이었습니다. 그러나 근본적으로 이 이야기는 모든 인간적인 해석을 거부합니다. 두 전통은 모두 이 이야기가 우리의 한계를 만나는 그곳까지 우리를 몰아붙인다는 점을 알고 있습니다. 어쩌면 이 지점이야말로 두 전통이 만나는 자리인지도 모르겠습니다. 아브라함의 희생 제사, 예수의 십자가는 모두 이 세상에서 일어나는 폭력과 가학성을 용인하는 것처럼 보입니다. 두 사건에서 하느님께서는 그 일들을 용납하시는 것만 같습니다. 그러나 그곳에서 하느님은 신비로, 고통 속에서 자신의 모습을 드러내십니다. 바로 그곳, 폭력과 고통이 가득 찬 그곳에서, 하느님께서는 우리가 그 세계를 넘어서도록 끈질기게 우리를 밀어붙이십니다. 우리가 하느님의 시선으로 그곳을 볼 수만 있다면 희생의 자리, 십자가는 모든 우상숭배가 심판받는 곳, 의미가 다시 살아나고, 사랑이 다시 태어나는 곳을 향해 가는 장소가 됩니다.

3인칭 시점에서 이야기를 진행해왔지만 이제는 좀 더 구체적이고 개인적인 이야기를 해 보려 합니다. 저는 기도라는 모험, 하느님과 맺는 친밀한 관계를 맺는 여정 중에는, 아케다 이야기의 핵심, 십자가의 중심부에 서게 되는 때가 있다고 믿습니다. 그 순간은 분명, 완전한 두려움이 우리 영혼을 뒤덮는 참담한 순간입니다. 우리 내면에 자리한 연약함, 그곳으로 하느님께서 돌입하는 것을 받아들일 때 우리가 갖고 있는 하느님 상, 우리가 올바르다고 믿었던, 우리 손에 잡히던 하느님 상은 모두 우상으로 드러납니다. '우리가 하는 일'이 번창하도록 우리를 보호해주며 종교적인 행위를 바칠만한, 우리가 의지할 만한, 무엇보다도 스스로가 괜찮은 사람이라는 생각을 계속 이어갈 수 있도록 해주는, 그렇기에 우리가 의지했던 커다란 '무언가'가 결국 우상이었음이 밝혀집니다. 인내하며 드리는 기도 중에 일어나든, 삶에서 겪은 재앙을 통해 일어나든 혹은 둘 모두를 통해서든, 이렇게 우상이 부서지는 일은 우리의 영혼에 심대한 영향을 미치는, 커다란 위기입니다.

이 위기를 통해 우리는 두려움에 휩싸인 채 갈림길에 섭니다. 우리는 악몽처럼 다가오는, 우리를 협박하는 것만 같은 하느님께로 나아갈 수도 있고 물러설 수도 있습니다. 이 악몽과도 같은 경험의 핵심에는 아케다, 혹은 십자가에 담긴 수수께끼가 자리 잡고 있습니다. 다시금, 새로운 하느님께서 우리를 사로잡습니다. 그분은 우리를 매혹하고 우리를 유혹합니다. 그러면서 전부가 아니면 아무것도 아니라며 우리에게 모든 것을 요구합니다. 동시에, 그분은 다가옵니다. 우리는 그분이 우리를 습격해 들어와 죽이려 한다고 느낍니다. 그리고 실제로 그분은 우리를 '결박'합니다. 그렇게 묶어서, 수난당한 그리스도와 함께, 우리를 순수하고도 수동적인 사랑이라는 새로운 자리로 '넘기'십니다. 우리를 위협하는 하느님과 우리를 사랑으로 인도하는 하느님이라는 모순을 수평적인 차원에 머물고 있는 우리는 견딜 수 없습니다. 그러나 유대교와 그리스도교 전통이 우리를 제대로 이끌고 있다면 이러한 순간에도 분명한 목적이 담겨 있습니다. 이 순간, 우리는 모든 것을 쏟아냄으로써 새로이 변화합니다. 이를 거쳐 우리가 '수직적인' 관점을 얻을 수 있다면 '가부장적' 종교, 폭력은 종결되고 하느님의 부드럽고도 자애로운 손길이 우리를 영원히 매만지실 것입니다. 이 과정을 『어둔 밤』Dark Night of the Soul에서 십자가의 성 요한은 '영혼의 밤'이라 부르며 인상적으로 묘사했습니다.

경이롭고도 가련한 사실이 있다. 우리 영혼의 연약함이 위대해지고 우리 영혼의 불결함이 청결해지려면, 무겁고도 거칠게 느껴지는 손길을 거쳐야만 한다는 것이다. 하느님께서는 너무나 가볍게, 부드러운 손길로 우리를 만지신다. 그분의 손길은 우리를 억누르지 않으신다. 그분은 그 손길을 멈추지 않으신다. 우리를 꾸짖기 위해 그러시는 것이 아니다. 그분은 헤아릴 수 없는 자비로 우리 영혼을 돕기 위해 우리를 매만지실 뿐이다. 그러나 우리에게는 그 손길이 무겁고 거칠게 느껴진다.[1]

이삭을 바치는 문제, 예수의 십자가가 던지는 문제는 이론으로 '해결할 수' 없습니다. 머리를 굴린다고 해서 '해결될' 문제도 아닙니다. 우리는 이 이야기가 던지는 질문을 삶으로 살며, 그분의 손길이 우리가 스스로 의미를 만들려는 손을 무력화하고 모든 우상숭배 너머로 우리를 인도해 주시기를 기다려야 합니다. 인간의 통제가 무너지는 곳에 참된 희생, '결박', 십자가가 있습니다. 그곳에서 우리가 만들어낸 의미는 부서지나 신성한 의미는 부서지지 않습니다. 우리는 기껏해야 '수직적인' 차원을 힐끗 엿볼 뿐이지만, 그곳에서 하

---

1 John of the Cross, *Dark Night of the Soul*, Book II, chapter V. 『어둔 밤』(바오로딸)

느님의 내적 생명으로 이루어지는 신적 교환, 자기라는 틀을 넘어선 사랑의 나눔이 일어납니다. 이 세계를 구원하기 위해, 아들의 고통을 받아들이는 아버지의 변치 않는 부드러운 손길이 우리를 매만지십니다.

예수가 죽음을 맞이한 이 순간, 그리고 부활의 빛이 움트기 전까지 우리가 할 수 있는 것은 의미가 되돌아오기를 기다리는 것뿐입니다. 우리는 신비를 기다립니다. 그렇기에 우리는 이 시간, 십자가 발치에서, 우리가 신앙의 여정을 시작했던 바로 그곳에서, 여인들과 함께 머물러야 합니다.

✳

전능하시고 영원하신 하느님,
놀랍고도 신비한 주님의 몸 된 교회를 돌아보시어,
온 힘을 다해 구원의 계획을 이루게 하시며,
주 예수 그리스도를 통하여 창조된 모든 것이
온전하게 회복되게 하소서.
성부와 성령과 함께 영원히 사시며 다스리시는
우리 주 예수 그리스도 이름으로 기도하나이다. 아멘.

우리 눈에 보이는 것은 휘몰아치는 폭풍뿐이지만, 그 폭풍의 한가운데에는 요한이 온 우주에 울려 퍼지는 예수의 '영광'이라 말했던, 고요한 승리의 장소가 있습니다. 그리스도께서는 그 승리의 장소를 우리에게 보여주셨습니다. 예수는 그 일을 끝냈습니다.

IX

죽음

예수께서는 신 포도주를 맛보신 다음

"이제 다 이루었다."

하시고 고개를 떨어뜨리시며 숨을 거두셨다.

이 세계에서 어떤 일을 '끝내는 것'과 어떤 일을 '이루는 것'은 차이가 있습니다. 무언가를 '끝내는 것'은 일정한 시간이 지나 그 일을 마쳤음을 뜻합니다('얼른 일을 끝내고 싶어'), 한편 무언가를 '이루는 것'은 온전한 의미에서 '완수하는 것', 이루고자 하는 목표에 도달하는 것을 뜻합니다. 요한 복음서에 따르면 예수는 이 세계가 만들어지기 전부터 자신의 아버지께서 그가 하기를 바라던 일을 십자가를 통해 이루었습니다. 요한은 예수가 목적을 이루었고 승리했음을 온전히, 풍요롭게 전하기 위해 '테텔레스타이'$\tau\epsilon\tau\epsilon\lambda\epsilon\sigma\tau\alpha\iota$(목표에 이르게 되었다)라는 말을 썼습니다. 요한 복음서 도입부에 나오는 '말씀'$\lambda\acute{o}\gamma o\varsigma$(로고스), 이 세계가 창조되기 전부터 하느님과 함께하던 말씀이 이 세계에서 자신의 구원 활동을 온전히 행한 뒤 십자가에 들어 올려졌습니다. 예수가 십자가에 매달린 이유는 모욕을 당하기 위해서가 아니라(이 세계는 그 사건을 그렇게 보았지만) '영광'을 받기 위해서였습니다. 요한은 하느님의 관점으로 이 사건을 보며, 예수가 십자가에 '들어 올려졌'다고 묘사합니다. 겉으로 보기에 요한이 그리는 예수는 다른 복음서 기자들이 그린 예수, 동산에서 가슴 아파하며 땀을 흘리던 예수, 십자가 위에서 버림받을까 두려워하며 고통스러워하던 예수와는 사뭇 달라 보입니다. 하지만 우리에게는 이 모든 그림이 필요합니다. 공관복음이 그리는 예수와 요한이 그리는 예수의 모습이 한데 엮여 예수가 참 하느님이자 참 인간이라는 충만한 역설을 보여주기 때문입니다. 예수의 수난과 죽음을 기억할 때 우리는 요한이 그리는 예수를 살펴야 하는 이유가 무엇인지를 좀 더 성찰해야 합니다.

이 문제를 푸는 실마리는 '이루다'라는 말을 숙고해보는데 있습니다. 요한은 우리 인생에서 일어나는 비극을 시간에 묶여 있는, 수평적인 차원에서만 바라보지 않습니다. 그는 초월적인 차원을, 신성한 의미의 빛이 그 비극을 뚫고 들어오는 것을 바라봅니다. 우리는 요한의 눈을 빌려, 십자가가 단순히 '끝'이 아니라 무언가를 '이룬' 사건임을 알게 됩니다. 요한은 말합니다.

> 예수께서는 모든 일이 이루어졌음을 아시고 ... 고개를 떨어 뜨리시며 숨을 거두셨다.

무의미하다고 여길 수 있는 사건, 그저 불합리하거나 단순히 실수로 일어난 것처럼(잘못된 이유를 들어 아무런 잘못도 저지르지 않은 사람을 죽이는 것처럼) 보이는 사건을 두고 요한은 확신에 찬 어조로 그 사건이야말로 이 세상을 구원하기 위해 하느님께서 이룬 마지막 성취였다고 말합니다. 요한은 예수가 죽음을 맞이하는 모습, 그가 고개를 떨어뜨리는 모습을 높은 곳에서 내려다보듯이 묘사합니다. 십자가의 성 요한 또한 죽음을 맞이하는 그리스도를 묵상하며 (그것이 우리 눈에는 어떻게 보이든 간에) 모든 것이 완벽하게 이루어졌다고 말했습니다.

하지만 우리는 곧잘 이러한 확신을 쉽게 오독하며 잘 받아들이지도 못합니다. 설사 머리로는 수긍하더라도 그것이 우리 삶에 미치는 영향은 거의 없으며, 우리 삶과 무관하다고 여깁니다. 요한이 그리는 예수는 시공의 제약을 받지 않는 일종의 초인처럼 보이고 십자가 사건 역시 우리가 경험하는 작은 모욕이나 수치와 아무런 관련도 없는 것 같습니다. 예수는 너무나 고결한 의미로 가득 찬 세계에 살고 있는 데 반해 우리는 시시하고 보잘것없는 세계에 살고 있는 것 같습니다. 그의 고난은 영웅적이며, 그 고난에는 세계를 변혁하는 힘이 있지만, 우리가 겪는 고통은 그저 초라하고 무의미해 보입니다.

어쩌면 이것이야말로 문제일지도 모르겠습니다. 우리가 겪는 아픔, 고통, 슬픔은 너무나 자주, 그저 무의미해 보인다는 것 말입니다. 우리 머릿속에 어떤 상자가 있어서, 그 상자에 고통을 넣어 버릴 수 있다면, 그렇게 간단하게 고통이 영광이 될 수 있다면 얼마나 좋을까요. 그러면 상자에 갇힌 고통이 더는 우리를 괴롭힐 수도 없고, 고통은 더는 고통이 아니게 될 겁니다. 각 사람이 겪는 고유의 슬픔, 내면에 질기게 버티고 있는 죄책감, 험난한 결혼 생활, 어리석은 행동을 반복하는 성향, 중독, 타고난 나쁜 유전자, 가혹한 운명, 이 모든 것을 상자에서 물건을 꺼내 버리듯 내면에서 꺼내어 내다

버릴 수만 있다면, 그래서 우리 내면에 좋은 것만 남겨 둘 수 있다면, 그렇게 간단히 처리해 버릴 수 있다면 얼마나 좋을 까요. 그렇게 우리 생각을 조정할 수 있는 심리학 기술을 구축할 수 있다면, 우리는 활기찬 생활을 유지할 수 있을 겁니다. 하지만 그런 일은 불가능합니다.

우리를 구원하기 위해, 우리가 '영광'에 이르게 하기 위해, 우리를 담금질하기 위한 도구로 극심한 아픔, 상실, 무거운 짐, 질병을 사용하시는, 그와 같은 고통을 허락하시는 하느님, 그러한 하느님을 믿기란 불가능해 보입니다. 그러나 제가 제대로 이해했다면, 요한의 수난 이야기가 그리는 하느님 은 바로 그러한 하느님입니다. 요한은 예전에 한 초인이 살았고 그가 이곳저곳을 돌아다니며 사람들이 갖고 있는 모든 부정적인 요소를 재료 삼아 우리가 헤아릴 수 없는 어떤 기적, 눈에 보이는 기적을 행했다고 말하지 않습니다. 고통은 그 자체로 선한 것이기 때문에 거기서 벗어나려 애쓸 필요가 없다고, 현대 세계가 우리에게 제공하는 유용한 의료 도구들, 치료 도구들을 활용해서는 안 된다고 말하는 것도 아닙니다. 요한 복음서가 말하고자 하는 바는 참 하느님이자 참 인간인 예수를 통해 우리 한 사람 한 사람이 살아가는 동안 겪어야 하는 피할 수 없는, 무의미한 고통이 하느님께서 구원하시는 능력을 만나면 그리스도의 영광이 가득한 나라로 '들어 올려지고' '넘겨' 진다는 것입니다. 이곳, 일종의 도피처 같은 거짓된 환상의 나라가 아닌 오직 이곳에서만, 우리는 진정한 평화와 기쁨을 배울 수 있습니다. 이곳, 오직 이곳에서만 우리는 죽음을 통과하며 새로운 생명을 향해 나아갈 수 있습니다. 예수가 걸어간 그 길을 걸어갈 수 있습니다.

그러므로 십자가에 경의를 표하며 그 앞에 고개를 숙이기 전에 몇 가지 분명하게 할 부분이 있습니다. 요한의 증언을 받아들인다면, 우리가 해서는 안 되는 일들이 있기 때문입니다. 십자가 앞에 고개를 숙인다는 것은 우리가 이 세계에서 끊임없이 일어나는 불의, 폭력과 학대를 용인한다는 것을 의미하지 않습니다. 그래서는 안 됩니다. 불의, 폭력, 학대를 용인하는 것은 악을 방치하는 것이며 비겁한 태도일 뿐입니다. 또한 우리는 권력의 남용을 수동적으로 받아들여서도 안 됩니다. 이는 자기 학대에 불과합니다. 십자가 앞에 무릎을 꿇는다는 것이, 아픔을 겪을 때, 극심한 고통을 당할 때 그 모든 일이 결국에는 괜찮아질 거라고 생각하고, 그런 문제는 순전히 마음먹기에 달려 있다고 여기며 이를 악물고 좋은 면을 보아야 한다는 뜻은 아닙니다. 그러한 태도는 금욕주의적 태도일 뿐, 그리스도인이 지녀야 할 태도는 아닙니다. 우리가 십자가에 무릎을 꿇고 경의를 표할 때 우리는 그것만이 우리가 할 수 있는 유일한 일이라고 고백해야 합니다. 이 고백을 위해 우리는 우리의 머리(우리의 정신은 자주 혼란과 의심에 빠집니다)뿐만 아니라 우리의 전 존재를, 온 마음과 온몸을 십자가 앞에 무릎 꿇게 만들어야 합니다. 우리의 모든 희망은 이미 일어난 어떤 사건에 기대고 있습니다. 이 사건은 참하느님이자 참 인간인 예수 그리스도께서 오래전에, 그 어두운 시간 속에서, 단번에, 완전히 이루셨습니다. 어둠 속에 있을 때 우리는 대개 그러한 희망을 느끼기는커녕 보지도 못합니다. 우리는 자주 자신의 고통과 타인의 고통에, 자신의 죄와 타인의 죄에 압도당합니다. 그러나 하느님께서는 당신만이 하실 수 있는 일을 이미 행하셨습니다. 우리 눈에 보이는 것은 휘몰아치는 폭풍뿐이지만, 그 폭풍의 한가운데에는 요한이 온 우주에 울려 퍼지는 예수의 '영광'이라 말했던, 고요한 승리의 장소가 있습니다. 그리스도께서는 그 승리의 장소를 우리에게 보여주셨습니다. 예수는 그 일을 끝냈습니다. 좀 더 정확하게는, 그 목적에 이르렀습니다. 그렇기에 예수가 죽은 이 시간 우리는 임박한 부활을 기다립니다. 그곳에 우리의 희망을 둡니다. "이제 다 이루었다." τετέλεσται. 아멘.

＊

살아계신 하느님의 아들 예수 그리스도여,
이제와 임종시에 주님의 수난과 죽으심으로써
우리 영혼을 영원한 심판에서 구해 주소서.
산 사람들에게는 자비와 은총을,
죽은 이들에게는 용서와 안식을 주시고,
주님의 거룩한 교회에는 평화와 일치를,
그리고 우리에게는 영원한 생명과 영광을 주소서.
성자께서는 성부와 성령과 함께
영원히 사시며 다스리시나이다. 아멘.

우리 모든 감각과 정신과 영혼과 마음이 예수를 향해 조율되고, 우리가 그분께 사로잡혀, 막달라 여자 마리아처럼 그분을 "라뽀니"라 부르게 될 때까지 우리는 돌아서고 또 돌아서야 합니다. 그리스도를 붙잡기 위해서, 그분을 우리가 이해할 수 있는 제한된 범주에 묶어 두기 위해서가 아닙니다. 그분을 온전히 예배하고 찬미하기 위해 우리는 돌아서고 또 돌아서야 합니다.

X

부활

막달라 여자 마리아는 제자들에게 가서 "제가 주님을 뵈
었습니다" 하면서 주님에게 일러주신 말씀을 전하였다.

드디어, 부활의 아침이 밝았습니다. 이제 여러분께 묻고
싶습니다. 여러분은 막달라 여자 마리아와 함께 "주님을 뵙
기를" 고대합니까? 진실로 그분을 뵙기를 갈망합니까? 그렇
다면 주님을 뵙기를 고대하고 갈망한다는 것은 무엇을 의미
합니까? 부활한 예수 그리스도를 '본다'는 것은, 죽음을 넘어
선 그의 생명을 믿으며 그 믿음에 헌신한다는 것은 무엇을
뜻하나요? 이 세계에서 일어나는 죽음, 비극, 실패를 넘어선
초월적이고 신성한 힘이 있다는 것, 이 힘이 몸과 마음을 감

싸 안아 우리를 어둠에서 빛으로 돌이킨다는 것은 무엇을 의미합니까?

이 질문들에 우리가 그리스도인으로서 답해야 할 모든 것이 담겨 있습니다. 부활이 없다면, "죽은 자가 다시 살아나는 일이 없다면", 우리의 믿음은 실로 "헛된 것"입니다(1고린 15:17). 우리는 우리가 믿는다고 고백하는 그것이 우리에게 무엇을 요구하는지를 정확하게, 명료하게 알고 있어야 합니다. 물론 우리는 유능한 탐정처럼 탐구 정신을 발휘해 십수 세기 전 예수의 몸에 실제로 무슨 일이 일어났는지를 살펴볼 수도 있습니다. 이러한 물음은 신앙의 여정을 걷는 중에 필수적이며 그 자체로 잘못된 일은 아닙니다. 하지만 순수하게 역사적으로 부활 사건에 접근한다면 그 끝에 남는 건 매혹적이고 도발적인 질문뿐입니다.

그러므로 다른 일이 먼저 일어나야 합니다. 다른 무언가가 먼저 우리에게, 부활 사건을 탐구하려는 이들에게 일어나야만 합니다. 그럴 때만 우리가 탐색하는 이 이야기를 이루는 파편들이 다르게 보이기 시작할 것입니다.

이제 여러분이 믿고 따라야 할 세 가지 사항을 알려드리겠습니다. 저는 여러분에게 아침 먹기 전에 불가능한 일을 세 가지 믿으라고 요구하는 게 아닙니다. 이 장 앞에서 다룬

성서 본문들은 우리에게 딱 세 가지 가능성을 믿으라고 요구합니다(물론 이 요구는 엄청난 무게를 지니고 있습니다). 더 나아가, 우리는 이 세 가지 가능성을 믿을 뿐만 아니라 몸으로 현실화해야, 실천해야 합니다. 그리스도를 '뵙고' 얼굴과 얼굴을 마주할 때까지 영혼과 정신과 몸을 바쳐야 합니다.

먼저, 우리는 죽는 법을 익혀야 합니다. 로마인들에게 보낸 편지에서 바울이 세례를 받을 때 우리는 그리스도와 함께 죽어야 한다고 말한 것처럼 말이지요. 이 요구는 기이하게 들립니다. 세례는 이 기이한 생각을 상징적으로, 강렬하게 표현합니다. 우리는 세례를 받을 때, 물에서 건져 올려지기 전에 먼저 어두운 물속에 빠져야 합니다. 여기에는 그리스도가 수난을 겪을 때 자신을 배신한 이들에게 자신을 '넘겨' 주었듯, 우리 자신을 넘겨 줄 때만, 자아, 자기를 내려놓고 잃어버릴 때만, 날마다 기도를 드림으로써, 성사에 참여함으로써, 예배를 드림으로써 하느님께 우리 자신을 드릴 때만 참된 자기, 참된 자아를 찾을 수 있다는 의미가 담겨 있습니다. 하느님께서는 당신의 아들을 통해 우리가 그리스도를 본받는 삶을 살기를, 참된 자기, 참된 자아를 찾기를 바라십니다. 이러한 생각은 근대적인 사고를 하는 우리에게 난해하게 다가옵니다. 그리스도교가 요구하는 내용은 우리가 이제

껏 받아 온 모든 교육에 반하는 것처럼 보이기 때문입니다. 현대 교육은 우리에게 개성 있는 사람이 되어야 한다고 부추기고, 자율적인 개인이 되어야 한다고 가르칩니다. 그렇기에 진실한 기도를 하기 위해서는 여러 어려움이 따르며, 그렇게 기도할 때는 아픔이 동반됩니다. 기도를 드리며 우리는 우리의 삶의 통솔권을 하느님께 '넘기며', 그리스도의 영이 우리 안에서 기도하도록 우리를 내어놓습니다. 이 과정을 통해 우리는 우리 자신의 거짓된 자아, 의식적인 자아, 이기기 위해 분투하는 자아가 물러나야 한다는 것을 알게 됩니다. 이러한 자아가 부서질 때 우리는 우리 자신이 끝난 것만 같은, 죽음에 이른 것만 같은 느낌을 받습니다. 그러나 바로 그때, 우리가 상상할 수도 없는 신비로운 무언가가, 모든 자기중심주의를 넘어서는, 그리스도께서 소유하고 계신 자아가 우리 안에서 일어납니다. 이렇게 우리는 새로운 생명을 얻습니다. 그리스도인이 된다는 것은 죽음을 두려워하지 않게 될 때까지 '죽는 법을 익히는' 삶을 뜻합니다. 죽음이 우리에게 두려움으로 다가오지 않을 때, 삶 또한 두려움으로 다가오지 않을 것입니다. 이때 우리는 예수가 주는 생명으로, 우리 자신을 넘어, 풍요로운 삶을 누리게 될 것입니다.

그다음, 요한 복음서에서 동산에 있는 예수를 보기 전에 돌아서고 또 돌아섰던 막달라 여자 마리아처럼 우리는 '돌아서고', 또 '다시 돌아서는' 법을 익혀야 합니다. 흥미롭게도 막달라 여자 마리아를 포함해 부활을 증언했던 이들은 부활한 예수를 처음 마주했을 때 그를 알아보지 못했습니다. 마태오 복음서에 따르면 몇몇 사람들은 부활한 예수와 함께하는 동안에도 그의 존재를 의심했습니다. 부활한 그리스도, 하느님의 아들이 이곳에 우리와 함께 있는데도 우리가 끊임없이 '돌아서고' 또 '돌아서' 그의 시선을 향하여야 한다는 것은 '죽는 법을 익혀야 한다는 것'처럼 쉬이 받아들이기 어렵습니다. 우리 모든 감각과 정신과 영혼과 마음이 예수를 향해 조율되고, 우리가 그분께 사로잡혀, 막달라 여자 마리아처럼 그분을 "라뽀니"라 부르게 될 때까지 우리는 돌아서고 또 돌아서야 합니다. 그리스도를 붙잡기 위해서, 그분을 우리가 이해할 수 있는 제한된 범주에 묶어두기 위해서가 아닙니다. 그분을 온전히 예배하고 찬미하기 위해 우리는 돌아서고 또 돌아서야 합니다. 토마스 아퀴나스는 다소 슬퍼하며, 복음서에 등장한 여인들이 부활한 예수를 다른 이들보다 먼저, 더 잘 '볼 수' 있었던 건 그들이 다른 이들보다 '사랑할 수 있는 능력'이 더 컸기 때문이라고 말했습니다. 여인들은 결연히 십자가에 달린 그리스도 곁을 지켰고 그가 묻힌 곳까지 그를 따랐습니다. '돌아선다'는 것은 이 여인들이 그러했듯, 절망 중에도 주님을 사랑하고 갈망함을 뜻합니다. 우리의 사랑과 우리의 앎과 우리의 감각이 모두 그분을 향해 조율되어 주님께서 우리를 아시듯 그분을 알게 되기까지 그분께서 보내시는 영에 끊임없이 우리 자신을 내맡겨야 합니다.

마지막으로 우리는 부활한 예수를 눈물 흘리며 바라본 마리아처럼 '그리스도를 보는 법'을 익혀야만 합니다. 마리아는 슬펐으나, 슬픔 속에서도 절대적인 확신과 신뢰를 담아 그를 바라보았습니다. 많은 이가 '그리스도를 보는' 사건은 이제 일어나지 않는다고 생각합니다. 그러나 병원에서 죽어가는 이들을 돌보았던 사목 경험에 기대어 말씀드리자면 그렇지 않습니다. '그리스도를 보는' 사건은 지금도 일어나고 있습니다. 다만 이 사건은 우리의 자아가 '죽는' 곳에서만, 우리가 '돌아설' 때에만, 우리의 감각, 우리의 정신, 우리 안에서 일어나는 갈망이 우리와 함께하시는 그분을 향해 조율될 때만 일어납니다. 그때 우리는 우리가 사랑하는 그리스도를 '볼 수' 있습니다. 그리스도, 우리의 주님이 그곳에 계십니다. 수많은 가난한 이의 얼굴 속에 그분의 얼굴이 있습니다. 그분은 여러분이 아무것도 따지지 않고 아낌없이 사랑하는 이들과 함께 계십니다. 그분은 여러분이 경멸하고 쫓아낸 이들

과 함께 계십니다. 빵과 포도주, 물과 향유, 이 세계에서 빛
나는 모든 것과 함께 계십니다. 그리고 우리의 삶이 마지막
을 향해 갈 때 그 끝에서 우리를 기다리고 계십니다. 막달라
마리아가 발견한 그리스도는 우리 손으로 잡을 수 있는 이
가 아닙니다. 하지만 그리스도께서는 우리가 당해야 할 고통
을 그분의 것으로 취하시고, 몸소 그 고통을 겪으시고 그 고
통을 통과하여, 그 고통을 넘어, 우리를 자신의 소유로 삼으
십니다.

부활. 여기, 그리스도교 신앙의 핵심에 있는 위대한 진리
가 있습니다. 여기에 여러분의 삶을 거십시오. 이를 붙들고
싸우십시오. 그러면 모든 것이 변화할 것입니다. 죽으십시
오. 돌아서십시오. 바라보십시오. 그리고 이 신비로운 몸 안
에서 살아가십시오. 이 신비로운 몸은 모든 신실한 백성이
모인 축복받은 공동체, 구원, 기쁨, 충만함이 있는 그리스도
인의 삶이라는 위대한 여정을 걷고 있는 모든 이와 함께하고
있습니다. 우리의 모든 연약함 속에서, 우리의 모든 영광 속
에서, 우리의 생이 끝날 때까지 그분은 우리를 붙드실 것입
니다. 진실로, 그리스도께서 살아나셨기 때문입니다. 알렐
루야. 아멘.

＊

부활하신 그리스도께서는 다시 죽는 일이 없고
죽음이 다시는 그분을 이기지 못할 것입니다.
주님은 단 한번 죽으심으로써 죄의 권세를 꺾으셨고
부활하시어 하느님을 위하여 살아 계십니다.
이제 우리도 예수와 함께 죽어 죄의 권세에서 벗어나
하느님을 섬기며 살아야 합니다.
그리스도께서는 죽은 자들 가운데서 살아나셔서
죽었다가 부활한 첫 사람이 되셨습니다.
죽음이 한 사람으로 말미암아 온 것처럼
죽은 자의 부활도 한 사람으로 말미암아 왔습니다.
아담으로 인해 모든 사람이 죽은 것과 마찬가지로
그리스도 안에서 모든 사람이 살게 될 것입니다.
알렐루야. 영광이 성부와 성자와 성령께
처음과 같이 지금도 그리고 영원히, 아멘.

삼위일체 하느님을 향한
기도와 욕망의 변주

김진혁

    2016년 11월, 미국 개신교 잡지 「크리스천 센추리」The Christian Century는 특이한 제목의 인터뷰 기사를 실었다. '왜 이 세계에는 새라 코클리가 필요한가?'Why the world needs Sarah Coakley[1] 생존하는 신학자를 소개하는 기사치고는 이례적인 찬사를 담고 있는 제목이다. 호들갑 떠는 기사인 것 같아 곱게 보이지는 않지만, 다른 한편으로는 이 낯선, 영국 신학자가 왜 이 정도의 찬사와 주목을 받는지 궁금증을 일으킨다.

---

[1] Sarah Morice Brubaker, "Why the world needs Sarah Coakley," *The Christian Century*(2016.11.15) https://www.christiancentury.org/article/2016-11/theology-through-prayer.

잉글랜드 성공회 사제이자 신학자인 코클리를 이해하기란 쉽지 않은 일이다. 그녀는 조직신학, 종교철학, 여성신학, 종교와 과학의 대화 등 다양한 분야를 오가며 수많은 글을 남겼고, 또 남기고 있다. 모든 에세이, 논문, 저작을 통해 그녀는 인간됨의 의미를 가식 없이 응시하고, 일상에서 신비에 잠기는 법을 안내하고, 우리를 옭아매던 선입견을 거북하지 않게 뒤틀며, 현대 사회에서 그리스도교의 의미를 묻는다. 그녀가 펼쳐내는 학문 세계의 폭과 깊이는 전문 독자도 따라가기 쉽지 않을 만큼 넓고 깊으며 그렇기에 그녀의 글을 읽는 것은 고된 일이다. 하지만 그만큼 코클리를 읽는 일은 즐거운 일이기도 하다. 예민한 독자들은 강연뿐만 아니라 논문에서도 감미로운 뉘앙스를 담고 있는, 복잡하지만 우아한 그녀의 문장에 찬사를 보낸다. 한 작가는 코클리의 문체를 보고 '가능한 최고로 풍성한 음절'을 가지고 사상을 전개하는 신학계의 조지 엘리엇George Eliot이라 불렀다.[2] 엘리엇을 처음 읽었을 때 경험하는 당혹감과 번뜩임을 독자들은 코클리의 글을 접할 때도 체험할 수 있다.

섬세한 만연체를 즐겨 쓰는 엘리엇을 한국어로 옮기는 번

---

2 Mark Oppenheimer, "Prayerful Vulnerability: Sarah Coakley Reconstructs Feminism," *The Christian Century*, June (2003): 25-31.

역자들이 문장의 길이와 복잡함에서 오는 고충을 토로해 왔듯, 코클리의 글을 한국어로 번역하거나 소개하는 것은 결코 만만치 않다. 그러다 보니 코클리의 학문적 중요도나 국제적 명성에 비해 한국 독자들은 그의 글을 접할 기회가 없었다. 그런 의미에서 『십자가 – 사랑과 배신이 빚어낸 드라마』는 독자들에게 그리스도교 핵심 사건인 십자가 사건을 음미하게 하는 좋은 묵상집일 뿐 아니라 코클리가 빚어낸 신학 세계의 색과 결을 힐끗 엿보게 해주는, 얇지만 풍요로운 신학 에세이로 읽힐 수 있다.

이성과 신비 사이에서

이성과 신비가 빚어내는 갈등과 조화는 코클리의 복잡하고도 아름다운 사상의 미궁을 헤매지 않고 돌아다닐 수 있게 해주는 '아리아드네의 실'이다.

1951년 영국 런던의 법률가 집안에서 태어난 그녀는 사춘기 시절 이미 조숙한 신앙인의 모습을 보임과 동시에 왕성한 지적 호기심으로 독서에 매진했다. 부모님 서재에 꽂혀 있던 책들을 읽으며 자기를 찾아 여정에 나섰고 13세 때 신학에 헌신하기로 결단했다. 당시 그녀에게 결정적인 영향을 준 저자는 성공회 배경의 종교철학자 이블린 언더힐Evelyn Underhill,

1875-1941이었다.[3] 언더힐이 보여준 기도와 영성 생활에 대한 신비주의적 접근은 코클리가 하느님의 신비에 대한 물음과 헌신을 가슴 깊이 새기게 해주었다.

언더힐이 코클리에게 신비에 대한 감각을 익힐 수 있게 해줬다면, 잉글랜드 성공회 울위치Woolwich의 주교이자 케임브리지 대학교에서 강의를 하던 신학자 존 A. T. 로빈슨John A. T. Robinson, 1919-1983은 그녀의 지적 욕구를 강하게 자극했다. 그가 쓴 『신에게 솔직히』Honest to God는 초자연주의적이고 미신적인 신 개념을 해체하고, 현대인에게 적합한 비신화적이고 합리적인 신 개념을 파격적으로 시도한 책으로 널리 알려져 있다.[4] 케임브리지 대학에 진학한 코클리는 이 1960년대 가장 논쟁적인 신학책의 저자와 1:1 수업을 했다. 로빈슨이라는 짙은 그늘에 언더힐이 가려져 버린 셈이다.

하지만 이 불균형은 그리 오래 가지 않았다. 20대 초, 코클리는 하버드 대학교의 신학 석사 과정을 이수하기 위해 영국 케임브리지를 떠나 미국 케임브리지로 이동했다. 그곳에서

---

3 이블린 언더힐/ G. P. 멜릭 벨쇼우 편, 『이블린 언더힐과 함께 하는 사순절 묵상』(비아, 2014)를 참고하라.

4 John A. T. Robinson, *Honest to God* (London: SCM, 1963). 『신에게 솔직히』(대한기독교서회).

그녀는 20세기 후반 미국 신학을 대표하던 메노나이트 신학자 고든 카우프만Gordon Kaufman, 1925-2011을 만났다. 코클리는 그에게 그리스도교에 역사주의적이고 이성적으로 접근하는 방법을 배웠다. 하지만 동시에 그녀는 채플 성가대로 활동했고, 성찬례에 정기적으로 참여하는 등 성공회 고교회 전통을 새롭게 배우게 되었다. 이를 통해 그녀는 한동안 잊고 있었던 신비에 대한 갈망을 재발견했다.

박사 연구를 위해 영국 케임브리지로 돌아온 코클리는 신비와 이성을 자신의 신학 안에 공존시킬 가능성을 모색했다. 역사 비평 방법을 사용하여 초기 교회 교리의 발전을 비판적으로 분석한 모리스 와일스Maurice Wiles, 1923-2005의 지도 아래 그녀는 교리에 대한 추상적 담론을 거부하고 역사적이고 사실적 지식으로 그리스도교를 급진적으로 재해석한 독일 신학자 에른스트 트뢸치Ernest Troeletsch, 1865-1923의 그리스도론에 대한 박사 논문을 작성한다.[5] 트뢸치의 저작들을 연구하면서 그녀는 (통념적으로 트뢸치의 사상의 특징이라고 평가받는, 그리스도교의 절대성을 상대화하는 방법이나 결론을 배운 것이 아니라) 기

---

5 코클리의 논문은 이후 단행본으로 출판되었다. Sarah Coakley, *Christ Without Absolutes: A Study of the Christology of Ernst Troeltsch* (Oxford: Oxford University Press, 1988).

도와 체험이 중심을 이루는 신비주의가 초기 교회 때부터 그리스도교의 중요 유형이었음을 확신하게 되었다.

이 지점에서 우리는 기존의 신학 범주로는 쉽게 규정하기 힘든, 코클리 신학이 지닌 모호한 매력의 근원을 발견할 수 있다. 그녀는 역사주의 방법론을 훈련받으며 신약성서와 다양한 교부 문헌을 비판적으로 분석했다. 하지만 이를 통해 교회 전통에 대한 자유주의적이고 해체적 태도를 보였던 스승들과는 달리, 그녀는 기도와 예배가 초기 교회 교리의 형성과 발전에 결정적인 역할을 했음을 확신했다. 초기 교부 신학에 대한 긍정적인 태도 때문에 어떤 이들은 코클리를 전통주의자, 심지어 제도 교회 중심적인 보수 신학자로 보기도 한다(실제로 코클리는 가톨릭 전례를 따르고 이를 대변하는 신학을 전개하는 성공회 고교회파에 속해 있으며, 자신의 신앙 정체성은 미국 성공회Episcopalism가 아니라 잉글랜드 성공회Anglicanism에 있음을 강하게 드러낸 적도 있다). 트뢸치의 유형론을 빌려 말하면, 그녀는 분명 전통, 교리, 제도를 중요시하는 '교회 유형'에 속한 신학자다. 하지만 신비주의 유형이 지닌 가치에 대한 코클리의 지속적인 강조와 현대 비판이론에 대한 폭넓은 지식은 그녀가 통념적인 '교회 유형'의 신학에서 벗어나 교리 발전의 역사 이면에 가려진 복잡한 정치적 이해관계, 남성 중심 이데올로

기를 성찰하는 방식으로 신학 작업을 펼쳐나갈 수 있게 해
주었다.

트뢸치도 지적했듯 체험을 강조하는 신비주의적 유형은
비합리주의 혹은 반지성주의적 경향으로 흐를 위험이 있다.
코클리도 이러한 위험성을 알고 있다. 그녀는 신학은 신비
와 기도를 주춧돌로 삼되 학문으로서 높은 수준의 지적인 엄
밀함과 설득력을 갖고 있어야 한다고 말한다. 신학은 신학자
들끼리, 혹은 교회 안에서만 통용되는 폐쇄적인 학문이 되어
서는 안 되며, 신비에 자신을 열어 놓으며 엄밀한 지적인 작
업으로서 그 공적 성격과 지적 수준을 종교철학, 진화 생물
학, 교부학, 사회학, 법학, 문화와 젠더, 미학 등의 논의를 품
을 수 있는 통합적 비전을 보여주어야 한다. 이러한 생각에
바탕을 두고 진행되는 코클리의 작업은 현대 신학의 가장 큰
문제인 신학자만의 언어와 논리에 빠져있는 편협한 신학적
혹은 교단적 종파주의sectarianism라는 틀을 깨뜨리고 넘어선
다. 그녀가 다양한 분야의 전문가와 우정을 쌓고 협력을 이
어가며 융합 학문 시도를 끊임없이 하는 데는 이러한 신앙
고백, 신학적 신념이 뿌리내리고 있다.[6]

---

[6] 코클리가 편집한 다음 책들은 젠더 이론, 심리학, 생물학 등의 분야
에까지 이르는 그의 융합 학문적 노력의 대표적 결실물이다. Sarah

삼위일체, 기도, 그리고 욕망

근대적 합리성의 헤게모니를 넘어서는 '유동적' 사유의 가능성을 코클리는 삼위일체의 신비에서 발견한다. 그녀는 이를 우아하고도 시적인 신학적 언어로 표현함으로써 이성과 비이성, 합리성과 육체적 갈망 사이의 이분법, 분열을 넘어서는 시도(현대 젠더 이론은 그녀에게 이를 문제 삼을 수 있는 통찰을 가르쳐주었다)를 감행한다. 그녀는 삼위일체와 욕망에 대한 신학적 분석을 통해 초기 그리스도교 신학이 지닌 부드럽고도 풍성한 해석의 토양을 '다시금' 일구어냈다. 초기 교부를 남성 중심적 전제를 갖고 활동한 성차별주의자sexist로 규정하는 여성신학의 일반적인 흐름과는 달리, 코클리는 젠더 이론의 통찰을 안고서, 교부들이 쓴 텍스트 속으로 들어가 전통 교리에 부드럽고도 은밀하게, 때로는 복잡다단하게 얽혀 있는 성적 함의와 정치적 요소를 전복적으로 읽어낸다.

코클리가 전개하는 삼위일체론의 원형은 주후 50년대 중반 기록된 문헌으로 추정되는 로마인에게 보낸 편지에서 발

Coakley ed., *Religion and the Body* (Cambridge: Cambridge University Press, 2000); Sarah Coakley and Kay Kaufman Shelemay eds., *Pain and Its Transformations: The Interface of Biology and Culture* (Cambridge, MA: Harvard University Press, 2008); Martin A. Nowak and Sarah Coakley eds., *Evolution, Games, and God: The Principle of Cooperation* (Cambridge, MA: Harvard University Press, 2013).

견할 수 있다. 그녀에 따르면 로마인들에게 보내는 편지 8장은 삼위일체 '교리'가 형성되기 훨씬 이전부터 '기도'가 삼위일체적 성찰을 가능케 하는 언어와 문법을 제공했음을 보여주는 '원형'이다.[7] 우리가 기도할 때 성령께서 우리 연약함을 도우시고자 탄식하시며 우리 안에서 성부께 기도하신다(로마 8:26). 기도는 언어를 매개로 하느님과 인간 사이에서 일어나는 대화이기 이전에, 연약한 인간 안에 있는 성령을 통해 일어나는, 삼위일체 하느님 사이에서 이루어지는 신적 대화다. 이때 바울은 인간의 지성이나 언어보다 구원을 향한 갈망을 우선시하며(로마 8:19), 성령의 중보를 표현하기 위해 해산하는 여인의 신음과 고통이라는 육체적 이미지를 사용한다(로마 8:22). 비록 우리가 지성으로는 삼위일체의 신비는 알지 못하고 기도할지라도, 성령의 기도 덕분에 우리는 삼위일체의 교제 안으로 '들어 올려진다'. 우리는 기도를 통해 삼위일체의 충만한 생명에 참여하게 되고, 양자의 영을 받아 '아

---

7 로마서 8장을 중심 텍스트로 하는 코클리의 삼위일체론은 다음 대표적 논문을 참고하라. Sarah Coakley, "The Trinity, Prayer and Sexuality," in *Feminism and Theology*, ed. Janet Martin Soskice and Dina Lipton (London: Oxford University Press, 2003); "Why Three? Some Further Reflections on the Origin of the Doctrine of the Trinity," in *The Making and Remaking of Christian Doctrine*, ed. Sarah Coakley and David A. Pailin (Oxford: Clarendon Press, 1993).

바'라 부르며 성자의 영광을 나눠 받는 하느님의 자녀가 된다. 이처럼 성령을 통한 삼위일체의 신비로의 초대, 그리고 성부와 성자와 성령의 급진적 사랑 앞에 노출된 인간이야말로 코클리가 파악한 삼위일체론의 핵심이다.

초기 교회 교부들은 로마인들에게 보낸 편지 8장에 나타난 삼위일체적 구조를 따라 성령과 기도에 대한 심오하면서도 아름다운 성찰을 보여주었다. 그러나 서방 교회의 역사 속에서 점차 삼위일체 중 성령의 역할은 점차 희미해져 갔다. 이 지점에서 코클리는 묻는다. 삼위일체 교리의 발전과정에서 로마인들에게 보낸 편지 8장은 왜 중심적 지위를 잃게 되었을까? 지성으로 파악할 수 없다 할지라도, 언어로 표현할 수 없다 할지라도 기도와 성령을 통해 삼위일체의 신비를 체험할 수 있다는 주장은 위험한 것일까? 신비주의에 대한 억압과 성령론의 약화를 동시에 촉발한 정치적 동기가 있지 않았을까? 삼위일체를 성찰하는 온당한 길은 삼위일체를 합리적으로 설명하려는 노력 이전에, (연인 사이의 에로스적 갈망과 유사한) 초월자와 연합하고픈 욕망이 우선하여 일어나야 하지 않는가? 그러므로 삼위일체를 이해하기 위한 출발점은 탐구가 아니라 기도여야 하지 않을까?

이러한 물음을 가지고 코클리는 (현대 여성신학자들에게 성차

별자라 비난받는) 교부들의 글을 살피며 삼위일체의 신비를 육체적 욕망의 이미지와 언어로 표현한 사례를 다시금 부각한다. 이를테면 닛사의 그레고리우스Gregory of Nyssa는 아가서를 해설하면서 인간의 영혼을 신부로 묘사하며 성부를 궁수, 성자를 화살, 성령을 신성한 사랑의 독이 담긴 화살촉으로 표현한다. 신부는 성부가 쏜 사랑의 화살을 맞고, 화살촉에 묻은 사랑의 독에 취한다.

> 신부는 입을 연다. "나는 사랑으로 상처를 입었습니다." 이 말은 신랑의 화살이 그의 심장의 깊은 곳을 관통했음을 알려준다. 시위를 날린 궁수는 사랑이시다(1요한 4:8). 궁수는 그의 '선택받은 화살'(이사 49:2), 즉 자신의 유일한 아들을 구원받은 이들을 향해 쏘신다. 그는 세 갈래로 끝이 갈라진 화살촉을 생명의 영에다 담그신다. 화살촉은 믿음이다. 믿음과 화살을 가지고서 하느님은 궁수를 (신부의) 마음 깊은 곳에 소개하신다.[8]

위 인용문에서 삼위일체를 설명하는 사랑의 언어는 아

---

8 Gregory of Nyssa, *Commentary on the Song of Songs*, trans. C. McCambley (Brookline, MA: Hellenic College Press, 1987), M. 852, 103.

름답다 못해 관능적이기까지 하다. 그레고리우스가 사용한 "가장 매혹적이고 복잡한 삼위일체론적 알레고리"는 우리가 하느님의 욕망의 대상이 되고 있음을 알려줄 뿐 아니라, 마음 깊숙한 곳에 얼어붙어 있던 욕망을 녹여 움직이게 한다.[9] 삼위일체론의 목적은 셋이 하나이신 하느님의 신비를 교리적으로 이해시키거나 합리적으로 증명하는 데 있지 않다. 이 교리의 참된 목적은 우리에게 오신 절대자를 향한 사랑의 불씨를 우리 실존의 중심에 머금게 하는 데 있다.

로마인들에게 보낸 편지 8장의 성령론이 중요한 이유는 기도가 위와 같은 삼위일체의 신비에 우리가 잠기게 해줄 뿐 아니라, 우리가 누구인지, 즉 인간의 참 정체를 알려주기 때문이다. 코클리가 볼 때 인간은 근원적으로 '욕망하는 존재'다. 물론 인간됨의 심연에 욕망이 있다는 주장은 멀게는 플라톤부터 가깝게는 프로이트에 이르기까지 수많은 사람이 개진한 바 있다. 하지만 이들의 주장이 앞선 통찰을 바탕으로 '종교는 왜곡된 욕망의 투사'라는 식의, 종교에 대한 단순한 비판으로 귀결된 반면, 코클리는 이를 넘어 삼위일체의

---

9 Sarah Coakley, "Re-thinking Gregory of Nyssa: Introduction - Gender, Trinitarian analogies, and the Pedagogy of the Song," *Modern Theology* 18/4 (2002): 440.

신비 안에서 교리와 욕망이 얼마나 긴밀하게 결합되어 있는 지를 보여준다.[10]

초기 교부들과 마찬가지로 코클리는 인간에게 있는 근원적 욕망을 하느님과의 연합을 찾아 헤매는, 구원을 향한 갈망으로 파악했다. 자신이 알지도 못하는 초월자를 향한 피조물의 욕망은 "에로스적 사랑의 충족을 찾아 헤매는 불안한 마음"과 닮았다.[11] 하지만 이 욕망을 인간은 스스로 충족할 수 없다. 그렇기에 인간은 기도 안에서 고요히 하느님을 기다리고, 자기 안에 계신 성령의 신적 기도에 자신을 내맡기고, 하느님 사랑에 자신을 개방해야 한다. 욕망으로 움직여지는 인간이 참 인간됨을 찾기 위해선 자신이 자기보다 더 크고 아름답고 사랑으로 충만한 존재의 '욕망의 대상'이 되었음을 먼저 체험하고 깨달아야 한다. 우리의 목적 없던 욕망 혹은 억눌리거나 왜곡된 욕망은 우리 안의 성령을 통해 올바로 일깨워지고, 계속된 기도와 수행을 통해 변화하고 강

---

10 Sarah Coakley, "Pleasure Principles: Towards a Theology of Desire," *Harvard Divinity Bulletin*, 33/2 (2005): 22-33.

11 Sarah Coakley, "Creaturehood Before God: Male and Female," in *Readings in Modern Theology: Britain and America*, ed., Robin Gill (Nashiville: Abingdon Press, 1995), 330.

화된다.[12]

따라서 그리스도교의 교리는 단지 지적으로 설명되거나 파악될 수 없고, 기도하고 예배드리고 사랑을 주고받는 육체적 경험과 구체적 수행을 통해서 이해될 수 있다. 교리에 대한 합리적 설명과 논리적 변호도 중요하지만, 그리스도교에서 보다 근원적인 것은 삼위일체의 신비에 대한 우리의 욕망이다. 교회 가르침에 대한 지적 동의와 교회 권위에 대한 순종보다도, 그 이전에, 신성한 사랑의 술에 취할 줄 알고 두근거리는 마음에 안절부절못하는 신부의 열정과 혼란스러움이 그리스도교적 실존의 밑바닥을 구성한다. 이를 드러내기 위해 코클리는 건조하고 추상적 언어로 표현된 교리 이면의 영적이고 실천적이며 육체적인 측면을 드러내는 신학적 언어와 이미지를 주조해낸다. 마르틴 루터가 "너는 하느님께 용서받았다"You are forgiven by God라는 복음을 재발견하며 종교개혁을 일으켰다면, 코클리는 "너는 하느님의 갈망의 대상이다"You are desired by God라는 상실된 근원어를 현대인에게 되찾아준 셈이다.

이처럼 코클리는 신비와 이성이라는 두 근원에서 흘러나

---

12 Sarah Coakley, "The Eschatological Body: Gender, Transformation, and God," *Modern Theology* 16/1 (2000): 65.

오는 지류를 새로이 직조했다. 신학자가 신비와 기도를 중심으로 조직신학 체계를 세우려는 그녀의 작업은 이론과 실천, 교리와 사목 활동, 영성과 지성, 교회와 사회 사이의 간극을 좁힐 새로운 가능성을 신학계에 제시하고 있다.[13]

성주간에 펼쳐진 사랑과 배신의 드라마

서로에 대한 갈망으로 연합된 연인의 상태를 묘사하는 적절한 이미지는 평화롭고 자족적인 고립이 아니라, 사랑의 파문波紋에 몸을 맡겨 이리저리 흔들리는 모습일 것이다. 마찬가지로 하느님의 갈망의 대상으로서 인간은 신성한 사랑의 화살에 찔린 존재요, 사랑의 술에 취해 또렷했던 자기의식을 잃어버린 연약하고 상처받기 쉬운 존재다. 삼위일체와 욕망을 신학적 성찰의 중심에 두면서 우리는 '자율적 개인'이라는 현대적 환상의 누추한 모습을 대면하게 된다.[14] 그리고 기도를 통해 성령께서 삼위일체의 사귐 속으로 우리를 끌어 올

---

13 2010년 호주에서 열렸던 코클리 신학에 대한 국제 학회에서 발표된 논문들은 현대 신학에 그가 끼친 영향과 도전을 잘 보여주고 있다. 다음을 참조하라. Janice McRandal ed., *Sarah Coakley and the Future of Systematic Theology* (Minneapolis: Fortress Press, 2016).

14 Sarah Coakley, *Powers and Submission: Spirituality, Philosophy and Gender* (Oxford: Blackwell, 2002), xii-xx.

리시면서, 자아의 필요에 고착되었던 욕망이 하느님과의 연합을 기다리는 욕망으로 변화하게 된다.

『십자가』는 이러한 시선으로 그리스도의 수난과 십자가, 부활을 응시했을 때 어떠한 신학적 사색, 묵상이 펼쳐질 수 있는지를 보여준 저작이다. 이 책은 기본적으로 2013년 3월 성주간 영국 솔즈베리 대성당Salisbury Cathedral에서 코클리가 인도했던 성주간 묵상에 바탕을 두고 있다.[15] 한 사람의 사제로서, 동시에 현대 신학계에 새로운 가능성을 제시한 신학자로서 그녀는 예수 그리스도의 마지막 일주일이 어떻게 하느님의 사랑이 펼쳐내는 '드라마로의 초대'일 수 있는지를 보여준다.[16]

> 십자가 사건은 우리를 수난이라는 드라마로 초대합니다.
> 이 드라마는 단순한 드라마가 아니며 모든 드라마에 종지부
> 를 찍는, 모든 드라마를 종결하는 드라마입니다. 이 드라마

---

15 성주간(聖週間, Holy Week)은 사순절 중 예수 그리스도의 마지막 일주일을 묵상하는 교회력 절기이다. 많은 개신교단에서는 고난주간(苦難週間, Passion Week)이란 표현도 사용한다.

16 이 책의 원제는 *Cross and the Transformation of Desire: The Drama of Love and Betrayal*이다. 영국판 제목의 뜻에 가깝게 번역하자면『십자가와 욕망의 변환: 사랑과 배신의 드라마』가 될 것이다.

는 정의에 관한 이야기가 아닙니다. 단순히 한 남자가 버림받은 이야기도 아닙니다. 올바른 행위를 했을 때 어떤 보상을 받는지를 전하는 이야기도 아닙니다. 수난은 너무나 섬세하고 변혁적인 하느님의 사랑에 관한 이야기, 우리가 아는 모든 정의를 넘어서고 전복하는 사랑에 관한 이야기입니다.[17]

예수의 십자가 사건, 수난을 마주해 코클리는 십자가와 부활의 실재성에 대해 합리적으로 논증하지 않는다. 대신 그녀는 수난과 구원의 드라마적 성격을 부각하고자 예수 그리스도의 마지막 일주일을 10개의 장으로 재구성한다. 그리고 향유를 붓는 여인, 배신자 유다, 사도들, 그리스도를 뒤따르던 여자들, 베드로 등을 각 장의 적재적소에 배치한다. 이들은 자신도 미처 깨닫지 못하는 사이 수난과 부활이라는 거대하고 신비한 드라마 속에서 중요 배역을 담당했다. 나자렛 예수를 앞두고 그들이 내렸던 삶의 결정은 약 2,000년 동안 성주간 때마다 전 세계 교회에서 계속해서 기억되고 이야기되고 있다.

---

17 새라 코클리, 『십자가: 사랑과 배신이 빚어낸 드라마』 정다운 옮김 (비아), 43.

성서를 잘 아는 이들에게는 이미 익숙해져 새로울 것도 없을법한 복음서의 인물들을 코클리는 특유의 신학적 통찰과 문학적 상상력을 동원하여 낯설고 생동감 있는 배역들로 재탄생시킨다. 신구약의 여러 텍스트는 그 위험한 순간에 그들이 내린 선택과 그 결과의 숨겨진 의미가 드러나는 드라마의 무대로 변모한다. 그리스도의 운명에 예상하지도 못했던 방식으로 자신의 삶이 묶여가면서, 서로의 이해관계는 충돌하고 감정은 요동치게 된다. 그리스도 주위에 모여 있던 인물들의 욕망과 행동이 오늘날 우리의 그것과 너무나 닮았기에, 이들은 십자가에 그리스도가 달리셨던 '그때 거기'를 우리가 살아가는 '지금 여기'와 연결하는 역할을 한다. 그럼으로써 그들은 시간과 공간을 뛰어넘어 각자 고유한 방식으로 *Ecce homo*(이 사람을 보라!)라고 우리에게 외친다.

마치 각자의 인생을 살아가던 복음서의 인물들이 사랑과 배신이 빚어내는 드라마 속에서 엮어졌듯이, 서로 다른 배경과 욕망과 가치관을 가지고 살아가던 우리도 예수의 십자가 사건과 수난을 묵상함으로써 수난과 부활이라는 이야기에 묶이게 된다. 코클리가 새롭게 들려주는 그리스도의 마지막 일주일은 폭력에 길들고, 자본에 잠식당하고, 두려움에 짓눌린 우리들의 삶의 실제 모습을 가식 없이 노출하고, 거짓과

뒤틀린 갈망이 만들어낸 의미체계를 해체한다.

코클리는 우리에게 그리스도의 수난 드라마에 들어가라고, 하느님의 구원을 기다리라고, 부활의 삶에 대한 종말론적 갈망을 가지고 살아가라고 짧지만 강렬하게 권한다.[18] 하느님께서 펼쳐내시는 신비한 드라마에 자기 삶의 이야기를 동여맨 존재가 될 때, 수난 이야기는 기대를 넘어서는 방식으로 우리 삶을 변화시킨다. 십자가로 자신을 넘기신 하느님의 이야기에 참여함으로써 우리는 우리를 옭아매던 이기적 욕망을 가식 없이 보는 법을 배우게 된다. 삼위일체 하느님에 대한 갈망이 커가면서 우리는 하느님의 깊은 신비를 신뢰하는 법도 익히게 된다. 왜곡된 욕망이 은총으로 치유되고 변화함으로써 우리는 이웃을 사랑할 수 있는 새로운 존재로 변화하게 된다.

물론, 자기 자신을 드라마의 주인공으로 삼고자 하는 왜곡된 욕망을 가지고 살아가는 이들에게 십자가를 향해 가는 드라마는 낯설고 거북하게 느껴질 따름이다. 그러나 우리에게 생명을 주고자 그리스도께서 죽음으로 '넘겨지는' 이야기는,

---

18 묵상을 마무리하며 코클리는 부활의 삶을 위해 (부활한 그리스도를 만난 마리아처럼) 죽고, 돌아서고, 바라보는 방법을 익혀야 한다고 권한다. 새라 코클리, 『십자가』, 133-137.

"주어진 삶을 스스로 조종하려는 세계에서 하느님께서 조종하시는 세계로 우리를 '넘겨줄', 작지만 고귀한 의미의 줄 한 가닥"이 된다.[19] 비록 어디로 갈지 몰라 혼란스럽더라도 이 한 가닥의 줄을 잡고 더듬어 가다 보면 어느새 하느님의 사랑이 충만한 세계로 들어가게 되리라는 점에서, 수난 드라마는 캄캄한 현실 속에서 방황하는 우리 모두를 위한 자비로운 초대가 아닐 수 없다.

이 경이롭고 영광스러운 하느님의 초대에 응하는 데, 그리스도께서 걸어가신 마지막 육체적 생의 여정을 묵상하는 데, 이 작은 책이 긴히 쓰이기를 바란다.

---

19 새라 코클리, 『십자가』, 95.

· **Christ without Absolutes: A Study of the Christology of Ernst Troeltsch** (Oxford: O.U.P., 1988)

· **Powers and Submissions: Spirituality, Philosophy and Gender** (Oxford: Wiley-Blackwell, 2002)

· **Sacrifice Regained: Reconsidering the Rationality of Religious Belief** (Cambridge: C.U.P., 2012)

· **Evolution, Games and God: The Principle of Cooperation** (마틴 A. 노왁Martin A. Nowak과 공저, Cambridge MA: Harvard University Press, April, 2013)

· **God, Sexuality and the Self: An Essay 'On the Trinity'** (Cambridge: C.U.P., 2013)

· **The Cross and the Transformation of Desire: The Drama of Love and Betrayal** (Cambridge, Grove Books, 2014) 『십자가』(비아)

· **The New Asceticism: Sexuality, Gender and the Quest for God** (London, Bloomsbury, 2015)

· **The Broken Body: Israel, Christ and Fragmentation** (Oxford: Wiley-Blackwell, 2022)

십자가
- 사랑과 배신이 빚어낸 드라마

초판 발행 | 2017년 3월 25일
개정증보판 1쇄 | 2024년 2월 1일

지은이 | 새라 코클리
옮긴이 | 정다운

발행처 | 타임교육C&P
발행인 | 이길호
편집인 | 이현은
편 집 | 민경찬 · 정다운
검 토 | 손승우 · 윤관 · 이명희
제 작 | 김진식 · 김진현 · 이난영
재 무 | 황인수 · 이남구 · 김규리
마케팅 | 민경찬
디자인 | 민경찬 · 손승우

출판등록 | 2020년 7월 14일 제2020-000187호
주 소 | 서울시 강남구 봉은사로 442 75th Avenue 빌딩 7층
주문전화 | 02-590-9842
이메일 | viapublisher@gmail.com

ISBN | 979-11-93794-01-2 (03230)
한국어판 저작권 ⓒ 2024 타임교육C&P